情報便利屋の日記

専門図書館への誘い

村橋勝子

樹村房

はじめに

「専門図書館」とは国立図書館、公立図書館、大学図書館、学校図書館以外の図書館で、特定分野の資料・情報を収集提供する図書館である。

専門図書館の全国規模の団体である専門図書館協議会が3年に1度刊行している専門図書館のディレクトリー『専門情報機関総覧』の2015年版には1660機関が収録されている。これは、公共図書館の総数3261には遠く及ばないものの、大学図書館（大学の本館、分館・分室と短大、高専）の総数1677と並ぶ数である（公共図書館、大学図書館の数は、日本図書館協会の『日本の図書館——統計と名簿 2015』による）。あらゆる分野について、専門図書館があると言ってもよいが、その実態は千差万別である。

本書は、専門図書館のうち、企業、団体などが設置している「組織内ライブラリー」に的を絞り、そこで働いている、あるいは、その予備軍を第一の読者に想定した。

私は、経団連ライブラリーに43年間勤め、一貫して専門図書館員として仕事をした。本書は、そんな私の経験知を記したものである。したがって、理論的でも教科書的でもない。

長く専門図書館に勤めたとはいえ、総合経済団体の事務局の中の図書館、つまり、ビジネス系の専門図書館の経験しかないので、メーカーの研究所などに属する自然科学系・技術系の専門図書館の仕事や、一般の人々に広く公開している公開専門図書館については言及していない。

専門図書館は1館1館が個性的で、テーマ、扱っている資料、運営方法等もそれぞれ違うが、専門図書館における仕事の基本的なこと、共通する心構え等は同じだと感じる。

私は2004年度から毎年、専門図書館協議会主催の教育プログラムで、新人（経験3年以内）を対象とした研修「専門図書館の仕事コース」の講師を務めている。本書のⅠ部、Ⅲ部には、その内容も一部盛り込んだ。

専門図書館では、どんなに理論・理屈がわかっていても、実際のレファレンスサービスができなければ、役に立たない。Ⅱ部では、私が実際に行ったレファレンスのケースを紹介しつつ、利用者の要求をどのように把握・理解し、どうすれば満足してもらえるサービスができるかを具体的に例示した。

40年以上、同じ職場・同じ職種で仕事をしたが、日々対応した業務（特にサービス業務）はすべて違い、工夫の余地も大きく、非常に楽しかった。私の経験が、専門図書館に関わる方々の参考になり、どうすれば豊かな気持ちとやりがいを伴った仕事ができるかを理解する一助になれば幸いだ。

おわりに、本書を世に出してくださった樹村房の大塚栄一社長と、編集者の石村早紀氏に心からお礼申し上げる。

２０１６年８月

村橋 勝子

情報便利屋の日記　もくじ

Ⅰ部　専門図書館の世界

専門図書館、とりわけ企業等の組織内ライブラリーの職員は、社内の人事異動によって配属された人が少なくない。しかし、資料・情報を扱う専門図書館の仕事については、社内研修もほとんどない。上司や先輩も同様のケースが多いから、指導者を求めることも難しい。大学における図書館情報学や司書課程でも専門図書館について詳しい内容が教授されることは少ないので、図書館情報学を修め、新規採用された人も、十分な理解があるとはいえない。

そのような状況を鑑み、I部では、専門図書館に採用・配属された新人（年齢にかかわらず、経験3年以内）を主な対象に想定して、専門図書館についての基礎的な知識を一通り解説する。

一口に「専門図書館」といっても千差万別で、所属機関が違えば、テーマ、扱っている資料、運営方法も全く違う。したがって、I部では、分野・機関を問わず、専門図書館に共通することにとどめる。

1　図書館と情報

図書館とは

専門図書館の話をする前に、専門図書館の上位概念である「図書館」と、関連する「情報」について考えてみよう。

図書館（library）の定義・機能・構成要素

何事も、定義を知りたい場合には、辞典や事典を見れば書いてある。

一般的な辞典『広辞苑』には「図書・記録その他の資料を収集・整理・保管し、必要とする人の利用に供する施設」[1]とあり、図書館の専門事典には「人間の知的生産物である記録された知識や情報を収集、組織、保存し、人々の要求に応じて提供することを目的とする社会的機関」[2]（『図書館情報学用語辞典』）とか、「記録された知識・情報を収集・整理・保管して、利用に供する施設」[3]（『図書館用語集』）とある。

辞典だけなく、法律でも必ず「定義」がなされている。

「図書館法」（最終改正：平成23年12月14日　法律第122号）は第2条で「図書館とは、図書、記録その他必要な資料を収集し、整理し、保存して、一般公衆の利用に供し、その教養、調査研究、レクリエーション等に資することを目的とする施設で、地方公共団体、日本赤十字社又は一般社団法人が設置するもの（学校に附属する図書館又は図書室を除く）をいう」[4]と定義している（同法でいう「図書館」は基本的に「公共図書館」を指す）。

次に「図書館の機能」を見てみよう。

『図書館ハンドブック』では「資料を収集、整理、保存し、それを利用に供することは、図書館の基本的機能である。図書館のもつこれらの、いわば内在的機能は、時代によって、どの機能に重点をおくかは異なっても、機能そのものは時代を越えて変わることはない」[5]とある。

こうやって見てみると、図書館の定義と機能は重なっている。

図書館を構成する要素として、同ハンドブックでは、資料、利用者、施設の三つを挙げているが、私はこれに「図書館員」を加えて、4要素としたい。どれが欠けても図書館ではないが、特に、サービスに人（図書館員）が深く関わり、人が重要な役割を果たしているところに、図書館の大きな特徴があるからだ。

図書館の意義

さらに大切なのは、図書館の意義を認識することである。「意義」とは「事柄などのもつ価値や重要さ」[6]である。どんな仕事でも「定義」だけでなく、その人なりの「意義」を見出した人が、やりがいを持っていい仕事をするし、成功もする。

図書館には重要な意義が二つあると私は考える。

①図書館はシステムである

第一は「資料・情報を的確かつ効率的に収集・整理・保存・提供する〝システム〟である」ということだ。

ここでいう「システム」とはコンピュータシステムのことではない。言い換えれば「仕組み」だ。しかも、そのシステムは非常に合理的で、また、汎用性を持っている（Ⅱ部4「図書館はシステム」参照）。

②時や空間を超えて利用者と資料・情報を結びつける所

第二の意義は「利用者と資料・情報を、時間あるいは空間を超えて結びつける所」ということだ。大昔のものでも、海外や地方の出版物でも、利用者が必要とする時にサッと提供できる。そのために、図書館は資料を収集・蓄積・保存しているのである。図書館に大量の蔵書があるのはそのためなのだ。

図書館というと「館」という文字が入っているために、いまだに「本や雑誌といった資料がたくさんあって、見せてくれる、貸してくれる所」と、機能より施設やモノに重点を置いてイメージされがちである。

しかし、図書館とは「知識・情報を整理し、探すシステム」であり、「時や空間を超えて利用者と情報を結びつける所」なのだ。もっとも〝時と空間を超えて〟というのは、一つの館だけではできないから〝図書館総体として〟だが……。

だから、図書館員（ここでいう図書館員とは、必ずしも「司書」に限定しているわけではなく、広い意味で「図書館で働く人」を指す）は「システム」や「構造」を理解していなくてはならない。

図書館サービスの特性

図書館サービスの特性は「人的サービスと物的サービスが複合した、知的な労働集約的サービス」ということである。

知識・資料を有機的に結びつけ、体系化し、一つの構造に構築する。そして、長期にわたって資料を保存し、膨大な資料の中から即座に探し出して、いつでも利用者に提供できる——その手法・方法論がライブラリー・サイエンス（図書館情報学）であり、それを使ってシステマティックに仕事をするのが図書館員というわけである。

情報とは

次に「情報」について考えてみよう。「情報」とは何だろうか。

『広辞苑』をひいてみると

①あることがらについての知らせ（「極秘—」）
②判断を下したり行動を起こしたりするために必要な、種々の媒体を介しての知識（「—が不足している」）[7]

とある。

『図書館用語集』には、

事実、思想、感情などが他者に伝達可能な形で表現されたもの。情報の発信者（送り手・情報源）と受信者（受け手）との間を媒介するものをメディア（媒体）といい、音声、文字、図形、電波などがこれにあたるが、さらに書物、テレビ、ラジオ、電話、磁気テープなどの具体的な〈もの〉を指して言うこともある。厳密にはこれらのメディアによって発信者から受信者に伝えられるメッセージ（message）の意味・内容を情報といい、特に情報科学においては、このメッセージから無駄な部分や重複部分を除き、あいまいさをなくして、量的に測定可能な形にしたもの、あるいは数字（機械語）に変形して蓄積できるものを指していう。[8]

とある。

情報はあふれているか？

ところでもう大分以前から「情報洪水」とか「情報が溢れている」ということがしばしば言われる。本当にそうだろうか。

実は、私たちの周りには「データ」「知識」「知恵」「情報」が混在している。これらはしばしば混同されるが、全く違うものなのだ。

①データ (data)

データは、大量にあふれているが、個別的・断片的で、それだけでは意味を持たない。一つずつバラバラで、ジグソーパズルの一片と同じなのだ。

②知識 (knowledge)

「知識」とは「ある事項について知っていること。また、その内容」「物事の正邪などを判別する心のはたらき」[9]（『広辞苑』）である。

私なりに補足すると、バラバラのデータを整理して、一般的な評価や体系化がなされたもので、全体としてひとつにまとまろうとする性質を持っている。つまり、秩序・構造がある。例えば「経済学の知識」「化学の知識」……というように。

③知恵 (wisdom)

「知恵」は「物事の理を悟り、適切に処理する能力」[10]（『広辞苑』）と定義されているが、私は「個人の経験を通して、知識に豊かさが加わったもの」、つまり、「個人の学習効果が反映されたもの」と捉えている。

例えば、梅干しづくりに見られるおばあちゃんの知恵袋などがその顕著な例だ。レシピを見れば材料や作り方の手順は書いてある。これが「知識」だ。ところが、お婆ちゃんの梅干しが美味しいのは、どんな天気の時に、どれくらい干せばよいかなど、長年の経験から得たノウハウがあるからだ。

知恵は、職場でも、よく見ると、仕事のやり方などに現れる。同じ仕事をやっているのに、あの人はとても早くしかもきれいにできるなんてことがあるはずだ。

④情報(information)

これらデータや知識や知恵が、特定の状況や目的、特定の人にとって、ある有益なものに転換したもの――それこそが「情報」なのである。

データ、知識、知恵、情報の四つを明確に区別してみると、情報はあふれてもいなければ飛び交ってもいない。大量にあふれているのは「データ」であって、むしろ、欲しい情報はなかなかない。現代は「情報化社会」と言われるが、正確に言えば「データ社会」なのだ。

「インターネットで何でもわかる」とよく言われる。確かに、電車の時刻、天気予報、店の場所や開・閉店時間など、単純な事実を知りたい時にはインターネットは便利だ。しかし、図書館が提供する「情報」は、生活や仕事をより豊かにするもの、何か新しいものを生み出すものであるはずだ。

コンピュータは論理の機械であり、大量処理も得意である。しかし、コンピュータが提供するものは、単純で明白なことや過去の事象といった「データ」である。一方、人間は、大量処理や論理的にはコンピュータほど優れてはいないが、驚くほど多様な能力を持っている。
コンピュータと人間がそれぞれ強みを発揮し、弱点を補い合い、共存して仕事をすれば、ライブラリアンは、情報化社会の交通整理に大いに専門性を発揮できるはずである。データを情報に変える――それがライブラリアンの役割だからだ。

引用文献

1：新村出編『広辞苑 第6版』岩波書店、2008年、2016頁。
2：日本図書館情報学会用語辞典編集委員会編『図書館情報学用語辞典 第4版』丸善出版、2013年、172頁。
3：日本図書館協会用語委員会編『図書館用語集 4訂版』日本図書館協会、2013年、219頁。
4：法務省大臣官房司法法制部編『現行日本法規37 教育（2）』ぎょうせい、差し替え式
5：日本図書館協会図書館ハンドブック編集委員会編『図書館ハンドブック 第6版補訂版』日本図書館協会、2010年、3頁。
6：森岡健二ほか編『集英社国語辞典 第2版』集英社、2000年、80頁。
7：前掲書1、1397頁。
8：前掲書3、131頁。
9：前掲書1、1794頁。
10：前掲書1、1785頁。

2　専門図書館とは

専門図書館の定義

『図書館ハンドブック』では「専門図書館とは情報資源や利用者など対象を限定し、専門化した図書館である」[1]と定義し、定義づけには、基本的に二つの視点があると述べている。

第一は情報資源に重点を置くもので、〝特定の専門主題領域の資料を収集・整理・保管して、その専門領域の利用者の利用に供する図書館〟で〝いわゆる学術図書館のうち、医学図書館、法律図書館、農学図書館等々、専門領域を限ったもの〟はもちろん、公立図書館ではあるが科学・技術に特化した蔵書構成を持つ神奈川県立川崎図書館も専門図書館とみなすことができる。

第二は設置目的やサービス対象など組織的側面に重点を置くもので、「組織の目標を追求する上で、そのメンバーやスタッフの情報要求を満たすため、営利企業、私法人、協会、政府機関、あるいはその他の特殊利益集団もしくは機関が設立し維持し運営する図書館」である。

このように専門図書館は両義性を有してはいるが、第二の視点に立っていても、利用者を限定すれば必要な情報資源も特定分野に絞られるので、実態として両者は重なっているケースが多い。

なお、専門図書館は、サービス対象によって、自社・自機関に限定した「組織内ライブラリー（資料・情報部門）」、団体や有料の会員に限定した「限定公開の専門図書館」、広く一般にサービスしている「公開専門図書館」に大きく分けられる。

本書では、主に「組織内ライブラリー」を念頭に置いて、この先、進めてゆくこととする。

専門図書館の特色

公共図書館をはじめとした他の館種との違い・特色を明らかにしてみよう。

①法的根拠・基準がない

国立国会図書館は「国立国会図書館法」、公共図書館は「図書館法」、大学図書館は「大学設置基準（文部科学省令）」、学校図書館は「学校図書館法」によって設置されている。

しかし、専門図書館の設置は法的に何ら規定されておらず、基準もない。

②明確な設置目的

法的に規定されていないにもかかわらず専門図書館が存在するのは、企業・団体・官公庁など各機関が独自のニーズに基づいて、換言すれば「仕事のため、組織のため」に設置したからで、目的がきわめてはっきりしている。

③自立的、脆弱

法に基づかないということは、公的な保護・援助もないということである。したがって、ヒト、モノ、カネ（マンパワー、場所や設備、費用）など、他の力を借りることなく、すべて設置機関（親機関）が自ら賄わなくてはならない。裏返せば、期待した効果を発揮していないと組織や経営陣が判断すれば、あるいは景気の影響や経営上の問題から財政的に厳しくなれば、縮小・廃止されやすいという存立の危うさが常にある。

④自律的

一方、公的支配・監督（制約）がないから、自分のことは自分で決められる。つまり、運営やサービスの手法は独自で、融通がきき、柔軟性がある。それは「情報プラザ」「データバンク」「ナレッジセンター」「テクニカル・インフォメーション・センター」「ビズコリ」など、名称もさまざまであることにも表れている。

また、組織内ライブラリーは、企業その他、ある機関・組織の中の一部署ではあるが、運営に際しては独立した経営体という意識で活動していること、利益を追求する民間企業の中にあっても、その運営手法は非営利であるなど、特異な面がある。

⑤サービス対象(利用者)を限定

「公開専門図書館」は別として、専門図書館、特に企業内ライブラリーは非公開性が強く、サービス対象（利用者）を基本的に特定組織（親機関）・特定グループの構成員（職員）に限定している。

⑥分野を絞ったコレクション（蔵書）

コレクション（蔵書）は主題分野・テーマを特定領域に絞って、高い専門性のもとに構築される。資料の種類では、本よりも、情報が早い雑誌や新聞の利用頻度が高い。特に技術系では、最新の研究成果はまず雑誌に発表されるから、雑誌論文が中心的な役割を果たす。しかも、インターネットの発達・普及に伴って、技術系の雑誌のほとんどが電子ジャーナルに切り替わっている。

⑦小規模

資料購入費、蔵書数、面積、スタッフの数……どれも他の館種より少ない所が圧倒的に多い。これは、二つの要因がある。

第一は、主題分野を限定しているので、蔵書・面積等は小さくて済む。

第二は、経営資源の重点の置き方である。製造部門・営業部門など企業の収益を生む直接部門と違って、企業内ライブラリーは非収益部門・間接部門である。社内の経営資源（ヒト・モノ・カネ）は収益部門により多く、間接部門には少なく配分される傾向がある。費用だけが目立つ社内ライブラリーへの配分は最小になりがちで、その結果、規模が小さくならざるを得ない。

『専門情報機関総覧２０１５』[2]で企業内ライブラリーの状況を見ると、管理運営費を除く年間の情報資料費は73パーセントの館（同費目について有効回答した85機関のうち62機関）が１０００万円未満、図書所蔵数の平均値は2万４８３５冊、面積の平均値は３２１平方メートルとなっている。後述のとおり、スタッフの数も少なく、ワンパーソンライブラリーもめずらしくない。

しかし、専門分野に特化したライブラリーであることを考えれば、小規模が問題というわけではない。大切なのは「量」や「規模」ではなく、「内容」「質」である。特に「人」は最も重要であるといえよう。

⑧スタッフ（職員）

スタッフは親機関の雇用者であるが、専門図書館は法律に基づいていないから、専門職・専任職員を置くという規則・基準もない。

２０１４年現在、企業内ライブラリーの専任職員の平均値は１・９人。86パーセントが専任のスタッフ数が５人以下で、しかも35パーセントの館がゼロ、ワンパーソンが24パーセントで、専任１人以下の館が59パーセントを占める。司書有資格者の平均値も０・９人と限りなくゼロに近い。[3]

さらに職員の構成を見ると、パート、アルバイト、人材派遣等などの非正規職員が日常業務のかなりの部分を担っているケースが多い。他館種にもいえることだが、近年は、外部に業務委託しているケースも少なくない。

⑨迅速かつ的確な運営・サービス

仕事の内容は、単純作業からレファレンスまで幅広く、かつ、かなり専門的だ。「仕事のため、組織のため」と設置目的がハッキリしているから、運営やサービスは設置主体である親機関の事業・目標・戦略等に添ったものでなければならない。常に、組織が必要とする情報・資料の収集・提供を意識し、こころがけ、特にサービス面ではあらゆるニーズに早く的確に応える必要がある。

⑩省力化・合理化に熱心

小規模という条件の下で、自館のテリトリーに関する情報資源は確保しなくてはならないこと、それでいて、組織に役立つ情報を的確・迅速に提供することを目指しているから、昔から総じて、業務の機械化、新技術の導入や外部委託など省力化・合理化に熱心だ。

⑪利用者との密接な関係

利用者と図書館スタッフの関係は非常に密接かつ重要である。公共図書館では利用記録を残さないなど利用者のプライバシー保護に配慮しているが、組織内ライブラリーでは「その時・その人・その事に対する完璧な対応」が求められるから、利用者のニーズはもちろん、個々人の行動パターンやクセ、性格まで把握する必要がある。サービス対象が限定的だから、どんなサービスをどのようにすればよいか、他館種に比べてわかりやすいともいえよう。

また、組織の各部門・各業務との有機的な連携、相互の有効なフィードバックも欠かせない。

専門図書館の業務

少人数の専門図書館では、スタッフは一人で複数（場合によってはすべて）の業務に対応しなくてはならない。

専門図書館には、単純かつ初歩的な作業、高度で知的な専門的業務、一般事務など庶務的な仕事、また、ミクロなことからマクロなレベルまで、さまざまな業務・作業が混在している。

①いわゆる図書館業務

専門図書館も「図書館」であるから、基本的には在来の図書館が長年培ってきた手法を用いて業務を行っている。

大別すると、「資料組織化業務」と「サービス業務」がある。

資料組織化とは「資料を利用できるようにする一連の業務」で、具体的には収集、受入整理、資料の保存といった業務を指す。

収集業務は、選書、資料の評価、発注、購入、寄贈依頼、交換など。自館の蔵書の専門性・特色を出すために注力しなくてはならない。

受入・整理業務は、資料をシステマティックに探すために、また、資料を管理するための記録を作成・維持するために、必須の作業である。資料・コンテンツを検索できるようにするために、一定の体系・約束事に従って、個々の資料が持つさまざまなデータを抽出し系統づける作業で、内容的な側面（分類、目録などの書誌データ入力）と物理的な側面（装備、排架）がある。

資料の保存は、蓄積、保存、廃棄。〝時を超えて〟利用者のニーズに応えるためには、資料を可能な限り保存しておかなくてはならない。一方、環境変化に合わせて、あるいは、限りある書架スペースを効果的に利用するために、不要な資料、利用価値の落ちた資料を除籍・廃棄して、魅力的な蔵書構成を維持することも必要である。

サービス業務は、閲覧、貸出、複写、レファレンスなど。専門図書館ではとりわけ「レファレンス」が重要である。

②専門図書館業務の特徴

図書館の手法を用いてやっているとはいえ、「仕事のための図書館」として機能するために、他の館種と際立った違いがある。

まずは、コンテンツ重視ということだ。

生涯学習のための読書、個人の調べ物を念頭に置く公共図書館的やり方と、仕事や研究のための情報提供に重点を置く専門図書館との大きな相違は、素材として扱う資料の単位が異なる点である。公共図書館では図書・雑誌といった情報の入れ物・刊行形態を重視し、これを単位として、目録や分類、書誌作成の作業を行うのが普通だが、専門図書館では昔から個々のコンテンツを重視した情報管理の側面が強い。

情報管理とは「様々なかたちで各方面から集まり、または集めた情報を、必要に応じて的確に迅速に利用者に提供することができるように、情報を組織化して維持すること」[4]（『最新図書館用語大辞典』）で、作業の単位はコンテンツ（中身、内容、目次。新聞・雑誌なら紙名や誌名ではなく、記事）である。

資料は「形式よりも内容」で、例えば「和雑誌と洋雑誌」「一般誌と専門誌」「学術雑誌と商業雑誌」といった区分はあまり重視されない。

単行書、逐次刊行物、小冊子・リーフレット、社内資料、電子資料、データベースなど、資料の形態や媒体も多様だ。また、入手・探索すべき情報の範囲は、市販の図書・雑誌だけでなく、非売品や人間、組織・機関など、無形のものにもおよぶことがめずらしくない。

そして、業務のやり方・あり方も異なる。

プロセス・業務別にみてみよう。

整理作業は、きめ細かく、しかもスピーディに、場合によっては加工（付加価値をつける）もやる必要がある。

特定分野の資料を扱っていることから、分類は独自分類によるなどの工夫をしているところが少なくない。あらゆる分野の資料を所蔵している公共図書館などで広く使われている日本十進分類法（NDC）を使うと、その図書館の資料が特定分野に集中して同じ番号ばかりになり、探しにくくなるからだ。NDCを使っている場合でも、自館に関わりの深い分野は細分化あるいは展開している館が珍しくない。

持てる力や時間を専門的かつ高レベルの、迅速・的確な情報サービスに注ぐために、受入・整理作業は外部委託など効率化・省力化する傾向が強い。

サービスは、他の館種と同様、閲覧、貸出、複写も行うが、最も重視するのはレファレンスである。複写も、単に複写機を設置するだけでなく、利用者が希望する外部の資料の探索や入手（コピー取り寄せ）をも含む。また、自機関で必要なデータベースを構築したり、書誌を作ったりもする。

保存については、スペースが狭い専門図書館では、効率的かつ有効なスペース対策を常に考えなくてはならない。媒体変換、貸倉庫の利用なども選択肢に入る。

③情報提供

専門図書館では、情報提供機能を最も重視する。

提供の方法としては、「直接的・個別的サービス」と「選択的・継続的サービス」に分けられる。前者はレファレンスサービスで、リクエストあるいは相談の都度、個々の利用者に対して提供する。利用者からのリクエストに速く的確に応えることが肝要である。

後者はＳＤＩ（selective dissemination of information）サービスで、選択的情報提供、情報の継続的提供をいう。あらかじめ関心のあるテーマを登録してもらい、図書館が入手した最新情報を（定期的に）送付し提供するのである。Ｅメールで提供することも多い。

提供する情報は、次のようなものだ。

ⅰファクト情報（語義、各種データ、時事など）、資料の所在

ⅱ文献情報（図書、雑誌、視聴覚資料など文献資料のリスト）

ⅲその他（適切な専門機関や専門家の紹介）

12ページで、データ、知識、知恵、情報について書いたが、大量のデータの海から有用なものを探し出す。つまり、データを情報に変える――それが図書館・情報部門の仕事と言っても良い。

④図書館の周辺・関連分野への拡大

専門図書館では、いわゆる図書館業務のほかに、図書館の技術やノウハウを生かして、その周辺

近接業務をも担っているケースが少なくない。例えば、企業内情報の共有化・組織化のためのインハウス・データベースの構築ならびに運用、社内報や機関誌の編集、社史・年史の編纂、親機関のウェブサイトの編集や継続的なデータ更新などが挙げられる。

また、親機関の構成員（社員等）に外部の資料・情報を収集・提供する一方、アーカイブズなど「内部情報の管理」や親機関の公開情報（主に文献）を外部へ提供する窓口の役割を担っているケースもある。

分野による違い――学問分野と専門図書館

学問分野には、大きく分けて、①人間そのもの、あるいは人間が創造した文化を研究する「人文《じんぶん》科学」（哲学、言語、文学、歴史、美術など）、②人間社会のさまざまな現象を探求する「社会科学」（法学、政治学、経済学、社会学、教育学など）、③自然現象を研究対象とする「自然科学」（天文学、物理学、化学、生物学など）、④科学の成果を応用した「工学・技術」がある。

専門図書館（組織内ライブラリー）は、メーカーの研究所などに属する「自然科学系（技術系）」と本社や団体などに属する「社会科学系（ビジネス系）」に分けられるが、両者を比較すると、さまざまな違いがある。

自然科学系と社会科学系の違いについて、表にまとめてみた。

適切な情報サービス・図書館運営を行うには、それぞれの分野の特性を理解し、それに合った運

社会科学系（ビジネス系）の比較

	社会科学系（ビジネス系）
	自体
	ヒトやコト。人間の社会環境や社会現象、システムや仕組み。特定分野においても対象は多岐・広範囲で、「テーマは研究者の数ほど」といってもよい
	人間社会の経緯・実態分析とその結果から見出した問題点の解決と、目指すべき方向性の提示・提言
	実験が困難なため、また、同じ事象の繰り返しがほとんどないために、文献主体の事例研究が多い。目的・課題・手段によって、結果もさまざまである
	環境要因・人間心理に左右され、常に不確定要素がつきまとう
	文献の特性
	新しい情報とともに、過去の情報も必要。情報の寿命は長い
	研究発表までのタイムラグが大。緊急性は低い。研究成果発表の場は印刷物（とりわけ単行本）重視
	国内向けがほとんど
	研究対象国の言語。用語が不明確・多義的で揺れ動く
	標準化されていない。情報源探索には書誌が使われることが多いが、権威ある抄録誌・索引誌が極めて少ないため、網羅的な探索・収集が困難。過去の参考文献の蓄積は豊富
	情報処理技術への対応が未熟。Eジャーナルが極めて少ない。有用性のある商用データベースがないために、独自の自家製データベースの構築を要する
	雑誌の収録においてテーマ・分野が多様化。記事タイトルは明解度が低い
	重要な情報源で利用頻度が高い。特に新聞記事がデータベース化されて以降は、従来の雑誌記事索引に取って替わった
	重要。利用頻度が高い
	法律自体の検討はあるが、個別の特許情報を精査することはない
	社会・経済の動向把握のために、さまざまな統計類を利用
	ニーズが高いにもかかわらず、探索・入手が困難
	研究グループ
	研究者自身が歴史的・社会的存在である。研究成果とステイタス（ポスト）が重ならない。研究者の交流・情報交換が極めて少ない
	への影響
	利用者が修めた専門が多様で、内容が多岐にわたり、しかもファジィな質問が多い。雑誌はトレンドをウォッチするために利用。幅広い資料・情報（含統計）の収集・保存。自家製データベースの構築。資料・情報費は安い

I-1表　自然科学系（技術系）と

	自然科学系（技術系）
	(1) 研究
①研究対象	モノや自然現象。普遍的な言語である数式で表現するもの。分野は細分化され、テーマは一つに絞られやすい
②研究目的	原理・理論・法則等の発見。研究成果は各種の発明・発見や特許を生み、技術の進歩に寄与する
③研究の特徴と手段	仮説を立て、それを実証するため、「実験」という研究手法が採られる。手段が違っても複数でも、結果は一つ。新規性を重視する。第三者による再現・検証が可能
④問題点	優れた研究環境を作り、高いレベルの研究者を集めることが重要。巨額を要する
	(2) 情報・
①時間的要素	新しい情報中心。その量が急激に増加する。新陳代謝が激しく情報の寿命が短い
②緊急性とタイムラグ	研究の先陣争いが激しく、緊急性が高い。研究発表までのタイムラグが極めて小。研究成果発表の場はEジャーナルや学会の研究大会など
③発表の向き	世界に向けて国際的に発表される
④言語・用語	英語が主流。用語は一義的でぶれない
⑤標準化・索引等	昔から標準化が確立。国際的にも認められた抄録誌や索引誌が存在。電子化に伴い、提供方法をディジタル化
⑥情報処理、データベース	情報処理技術への対応が早い。Eジャーナルが多数。データベースも充実
⑦各種情報源	
雑誌情報	情報掲載の媒体が多様化・分散化。学術雑誌の細分化。論文のタイトルは明解
新聞情報	ほとんど使われない。直近情報をトピック的に利用する程度
行政情報	ほとんど使われない
特許情報	必須。特異というほど利用される
統計情報	マクロな経済統計を利用することはない。業界統計は利用あり
人物情報	論文に著者略歴も掲載されるので、企業内研究者などの人物調査もルーティン化できる
	(3) 研究者・
	国や文化ではなく、研究領域によって区分。論文の発表数＝研究成果、実績。ポータルサイトが充実、自由かつ活発な情報発信・情報交換が行われる
	(4) 図書館
	利用者はほぼ全員が自然科学の研究者。利用者ニーズが予測しやすい。全世界の研究情報が探索対象。学術雑誌、Eジャーナルの利用頻度が高い。電子化に努めなければならず、資料・情報費が高額

営・対応をすることが重要だ。比較すると、自館がどちらに該当するか、具体的にわかると思うので、参考にしてほしい。[5]

専門図書館員の努力目標

自然科学系専門図書館のスタッフは、常に新研究をウォッチし、進化する情報処理技術への対応を必要とする。より深い主題知識を備えること、その前提として、明確なキーワードを用いることにも努めなくてはならない。資料・情報費が高額なため、予算対策・予算獲得が大きな課題である。

社会科学系専門図書館のスタッフは、歴史的事項に関する知識、つまり、古いことをも知っていること。研究者・執筆者の論調・経歴等の把握も必要だ。そのためには、事実を集積した人物データベースではなく、質的な面にも触れた新聞・雑誌の書評の著者紹介などに目を通すとよい。

幅広く資料を保存しなければならないため、スペース対策・スペース獲得の戦いを強いられる。

ファジィなレファレンスの質問に即問即答的な対応をしなければならないことが多いから、語彙を豊富にしてインタビュー能力を高め、利用者のニーズを言語化することが必要だ。探索範囲が資料以外の無形のものにまで及ぶことも多いので、豊かな人脈形成にも努めることだ。

引用文献

1：日本図書館協会図書館ハンドブック編集委員会編『図書館ハンドブック 第6版補訂版』日本図書館協会、２０１０年、１６９頁。
2：専門図書館協議会調査分析委員会編『専門情報機関総覧２０１５』専門図書館協議会、２０１５年。
3：前掲書2参照。
4：図書館用語辞典編集委員会編著『最新 図書館用語大辞典』柏書房、２００４年、２２９頁。
5：自然科学系と社会科学系の比較に関しては、左記の文献を参考にした。
・木本幸子「第３章　学問分野と情報特性」『図書館で使える情報源と情報サービス』日外アソシエーツ、２０１０年、81～91頁。
・戸田光昭「研究のための情報——研究情報の特性、対象ならびに収集方法」『情報の科学と技術』48巻4号、１９９８年4月、２１４～２１９頁。
・佐藤和代「人事交流と人材育成——経団連レファレンスライブラリーにおける出向ライブラリアン制度の試み　第二部　出向側からの報告」『専門図書館』No.２０２、２００３年11月、19～26頁。

II部　情報便利屋の日記

私は経団連のライブラリーに在職中「情報便利屋」を自称・自任し、「知りたいこと、調べてほしいことは、どんなことにも応じます」をモットーにしていた。

利用者のリクエストに応えてする仕事ではあったが、〝調べる〟ことは実に楽しいことであった。

実際のレファレンスのケースを紹介しつつ、1996年6月から2000年5月まで、科学技術振興事業団（現・科学技術振興機構）発行の月刊誌『情報管理』に34回にわたって連載したのが、「情報便利屋の日記」である。同誌の主な読者は、技術系の専門図書館員や情報処理の専門家であるにもかかわらず、ビジネス系のライブラリーに勤める私のこの連載を多くの方が愛読してくださったと聞く。

16～20年も前のものがほとんどであるが、「本」で調べたものが多く、今でも参考になると言われるので、あえて転載・再掲することにした。

連載の中から11編を選んで一部リライトし、さらに4編を「日記」風に書き起こして添え、このⅡ部とする。

1 悪魔と天使

1996年、ゴールデンウィークが目前の4月某日。秘書室から「M役員が、野村総合研究所で出した『悪魔のサイクル』という本が欲しいとおっしゃっています」と電話。連休中に読みたい本の一冊なのであろう。わが経団連レファレンスライブラリー（「以下経団連ライブラリー」）には所蔵していない。しかしすぐに買えば良い。お茶の子さいさいだ。

しかし、野村総研でこんな書名の本を出版するとはめずらしいなァ——そう思いつつ、出版事項確認のため、インターネットでサーチする。

インターネットに直行したのは「役員が誰かから聞いた→最近発行されたばかりのホットな本に違いない→故に新しいものから探すべし」と考えたからである。

当時、TRC（図書館流通センター）のウェブサイトを開けば、過去16ヵ月分の新刊書籍について検索できた。簡単、簡単……。

ところが、検索結果は「該当する書籍はありません」。

JAPAN／MARC、丸善、いくつかの大学図書館……と、アクセスを繰り返したが、結果は同じだった。

「灰色文献なのかしらん」と、今度は野村総合研究所のウェブサイトを開いて探してみる。が、みつからない。

次はオンラインデータベースだ。１９８６年以降国内で発行された書籍を情報源とする日外ＡＳＩＳＴの「ＢＯＯＫ」を検索する。ところが、こちらも「ありません」。

エーッ！　どうしたのーッ⁉

こうなったら〝発行所〟に聞くしかない。野村総合研究所のことなら何でも知っている同研究所情報リソース部のＹ課長に電話してみると「イヤー、そんな本を出したなんて聞いたことありませんねェ」。

彼が知らなければないのだ。「出版担当は隣の課だから一応聞いてみましょう」と尋ねてくれたが「やはり、出していないそうです」。

Ｙ氏は同研究所の豊富な所蔵資料にも対象を拡げ、コンピュータを駆使して書名に「悪魔」を含む本の検索を試みてくれた。それでも、探すものはみつからない。本だけでなく、雑誌記事にもそんなタイトルのものはないという。

「そうですよねェ。そんなタイトルの本をオタクで出すはずがないですよねェ」と私。

しかし、どうしてみつからないのだろう。どこかの内部資料なのだろうか。それにしてはタイトルが商品的だ。

　M役員が書名を間違えたとは考えられない。なぜなら、彼はメモ魔である。人と話していても、会議の時も、興味のあることはすぐにメモし、それを独自の方法で整理している。ライブラリーにレファレンスや資料のリクエストをする際も、メモを見て電話してくることが多い。今回の件も、おそらく、誰かにその本を紹介されたのである。それに「野村総研で出した……」というのがどうもひっかかる。『悪魔のサイクル』と「野村総研」の接点は必ずあるにちがいない。

「悪魔」の対語は「天使」である。私はY課長に「念のため、〝天使〟で探してみてくださいませんか」と頼んでみた。するとどうだろう。

「『野村週報』に「天使のサイクル」というのがあります。1ページだけの記事ですがね」

　やった！　接点がみつかった！

　ファクシミリでその記事を送ってもらって見ると、昭和62年12月7日号――つまり、9年も前のものであった。

「天使のサイクル」は「医薬品産業は次世代のリーディング産業である」という内容の記事であったが、締めくくりの文章が「ベストセラー『悪魔のサイクル』を採るわけではないが……」となっているではないか！

『悪魔のサイクル』は〝まぼろしの本〟ではなかった。しかもベストセラーだったとは！　まだ買えるものなら『日本書籍総目録』に出ているはずである。「1995年版」で書名から探すと、大前研一著『悪魔のサイクル――日本人のよりかかり的思考』（新潮文庫）が載っていた。

刊行年は1988年だ。

ヤレヤレ、野村総研ではなくて大前研一さんだったのか。マ、新潮文庫なら大抵の本屋にあるから、すぐに手に入る。それにしても、書籍のデータベースに、どうしてこんな重要な本のデータが漏れているのだ！　ったくモーッ！　――心の中でブツクサ言いつつ、今度は書店に電話する。

ところが、どの書店も（大型書店でさえ）「ただいま品切れですので、お取り寄せになります」という。そんなに売れている本？　最近のベストセラーのリストには入っていないけどなァ。私だけでなく、物知りの野村総研のY課長も知らなかったけどなァ……。

書店経由で取り寄せていてはゴールデンウィークに間に合わない。新潮社の友人に頼もう。

新潮社出版物のデータを端末で確認した営業部のわが友人は、電話の向こうで「昨年9月に絶版になっています」と言う。道理でTRCのデータにも書店の店頭にもないわけだ。『日本書籍総目録　1995年版』は95年6月発行なので、その後の9月に絶版になった本も収録されていたのである。

ただ、ここで「絶版だから」といって諦めるわけにはいかない。「どんなものでも必ず調達します」という〝情報便利屋〟としては、現物を届けなくては責任を果たせない。どこかの図書館にあるかもしれないが、これから所蔵館を探し出して借りに出掛けるのでは間に合わない。所蔵リストにあっても「行方不明」や「貸出中」の恐れもある。

絶版になっても出版社の倉庫に1～2冊はあることを過去の経験で知っている。「倉庫で探してみて」と友人に頼み、首尾よく手に入れて役員に届け、一件落着した。

「野村総研で出した……」もその際ケリがついた。M役員が「野村證券の人に聞いた」と言ったのを、秘書が「野村総研で出した」と勘違いしたことがわかったからである。

「お茶の子さいさい」のはずだったが、意外に手間取ってしまった。

購入する本を確認する時、以前は迷わず、最初に『日本書籍総目録』を手にとっていた。しかし、オンラインデータベースはもちろん、インターネットの有用性も高まり、今ではまずパソコンに向かう。

『日本書籍総目録』からスタートすれば『悪魔のサイクル』という本はすぐに探し出せただろう。ただ、目指す本がすぐに探せたとしても、情報量が十分であったとは言えない。また、全体の所要時間は必ずしも短縮しなかったのではなかろうか。「野村総研」との接点をみつけるのに苦労しただろうから。そして結局はみつからなかっただろうから。

このケースは、コンピュータと勘ピュータ、そして人的ネットワークの融合で解決できた。

「悪魔がダメなら天使を探そう」は、われながらいい勘であった。しかし、いくら勘が良くても、手段・ツールが優れていなければコトは成就しない。

野村総合研究所の情報リソース部は、わが国屈指の専門情報機関である。所蔵資料は多様かつ細かい検索ができるよう、データをインプットしている。特に〃自社刊行物〃である野村総合研究所や野村證券の刊行物については、完璧にやっている。

『野村週報』は野村證券が発行している。だからこそ、わずか1ページの記事でもタイトルから検索でき、「天使のサイクル」がみつかったのである。上空から大海の小さな魚を釣り上げたようなものだ。

Y課長とは、長年にわたって密接な相互協力関係にある。私の電話からはワンタッチで彼の直通につながるようになっている。今回も、電話で気軽に問い合わせられただけでなく、あたかも同じ場所でディスプレイを覗き込んでいるような検索ができた。聞かれたことだけ調べ、「ありません」で済んだかもしれないことをそのままにしなかったのは、Y課長も「野村総研で出した……」が気になり、究明しようとしたからであろう。

新潮社の友人は、出版・書店業界の女性管理職で作っている会（私もメンバーになっている）の仲間である。

新潮社は文芸書に強い出版社だから、経済・産業が守備範囲の経団連ライブラリーとは縁が薄いように思えるが、お世話になることが結構多いのは不思議である。

書店では〃絶版〃という情報は即座には得られなかった。だから、もし、書店経由で注文していたら、何日も待たされた挙げ句、「絶版でした」となっただろう。

ただ、新潮社でも、コンピュータは「1995年9月で絶版」と答えただけで、〃もうないはず〃

の本を倉庫で探してくれたのは友人である。一般の顧客や書店への対応なら「絶版なので在庫はありません」でおしまいだったはずだ。

コンピュータによって、資料や情報探索の労力は驚くほど軽減され、時間も短縮された。一昔前に比べると感無量である。

しかし、コンピュータの答えは二者択一だったり、素っ気なかったりする。そこに息を吹き込み、暖かさと豊かさを付け加えるのは人間である。

意外に手間取ったとはいえ、このケースに要した時間は一時間足らずである。このケースに限らず、情報便利屋の仕事は迅速性が大切である。どのレファレンスもデッドラインは短い。

それを支えているのは、バックの膨大な、しかも、きめ細かく整理・蓄積された資料・情報と、瞬時に方法を選択し、複雑なプロセスをサーフィンする判断力とノウハウ、経験に裏打ちされた勘である。しかし、利用者には「情報探索」という氷山の、氷面下の部分は見えない。

大前研一著『悪魔のサイクル――日本人のよりかかり的思考』は、著者が27～28歳の頃書き留めていたものを本にしたもので、「不可解な日本人」と「株式会社ニッポン」について書いてある。すなわち、あらゆる分野、あらゆる業界によりかかり的思考が蔓延している日本、組織のエゴイズムを容認し、魂を売り渡してしまう「悪魔のサイクル」が満ち満ちているニッポンと日本人についいてである。

M役員がこの本を読もうと思ったのは、おそらく、5月初旬にアメリカで開催される「ビジネス・ラウンドテーブルとの会議」に参考になると考えたからであろう（「ビジネス・ラウンドテーブル」とは、アメリカでもっとも影響力のある経済・産業団体）。

同書は、最初、1973年11月に明文社から刊行されたが、そのうち絶版となり、原本発行15年後に、新潮社で文庫化された。

『野村週報』の「天使のサイクル」が捩ったベストセラー『悪魔のサイクル』は明文社版である。しかし、新潮文庫版も1988年5月から1993年1月までの4年半の間に12刷も増刷している。やはり正真正銘のベストセラーであったようだ。私がそのことを知らなかったのは、本をあまり読まないせいである。おかげで、とんだところにツケが回ってきた。

連休初日に、自宅近くの杉並区立中央図書館から220ページの文庫本『悪魔のサイクル』を借りて一気に読んだ。

2　一を聞いて十を知れ

N役員からリクエスト。「博報堂について」——たったこれだけである。

「博報堂をご存じないんですか?　大手の広告代理店でしょう?」などと言ってはいけない。経団連の役員たる者、博報堂がどんな会社かくらいはとうに知っている。経団連の会員会社でもある。また「博報堂のどんなことをお知りになりたいんですか?」とも訊かなかった。「それを言っちゃァ、便利屋の名がすたるよ」である。相手の一言の中に情報ニーズを察知し、100パーセント応えてこそ、便利屋の存在価値がある。

N役員と博報堂は、普段あまり接点がない。N役員の守備範囲の委員会に博報堂の部長や役員は入っていないのである。ということは、政策問題を話し合うとか、会議に臨むに際しての下調べではないだろう。トップ同士の会談か、誰かに紹介されて博報堂の方に会うか、そんなケースにちがいない。

そのためには、博報堂のことについての正確な、メリハリをつけた、かつ、最新の情報が必要なはずである。同社の社長や役員に会うのであれば、その方々のことも知っておくのがエチケットというものである。

そんなふうに当たりをつけて、資料を揃えることにする。

さてと……。まず、博報堂に関する最新データである。

オンラインデータベース「日経テレコン」のメニューから「日経会社プロフィル」を選び、「博報堂」を検索する。

会社種別、決算月、本社所在地、設立年月日、資本金、売上高、沿革、事業所や支社、役員の氏名、主要な取引先・取引銀行、大株主、社員の数や平均年齢等がわかる。

次は、博報堂に関する最近5年間の雑誌記事を同じ日経テレコンの「雑誌記事タイトル」で検索する。同社の動向を知るためである。新聞記事でも追えるが、件数が多すぎ、かつ、雑報まで出てくるので、あるスパンについて要領よく把握するには雑誌記事の方が良い。

検索結果の雑誌記事のリストをプリントし、その中から、同社の役員に関するもの、特に、社長のインタビューや人物評、人物紹介を選び、マーカーで印を付ける。「この記事はお勧めです」のサインである。さらに、それらの記事を掲載している雑誌の現物も揃えておく。

次は〝歴史〟である。会社の特色は、創業をはじめ、その歴史に現れる。

『日本会社史総覧』（東洋経済新報社、１９９５年）の「博報堂」のページをコピーする。

日経テレコンにも「沿革」があったが、わずか3行で、簡単すぎる。かと言って「社史」ではボリュームがありすぎ、記述も細かすぎて、短時間で頭に入れるには適さない。

『日本会社史総覧』は、わが国の有力会社３０７２社を網羅し、個々の会社について、創業・設立から現在に至るまでの歴史を叙述したものである。Ａ４判・全3巻で、合計約３０００ページという大部のものだが、一社の記述は０・５〜１ページのコンパクトさである。それでいて、創業の経緯、社名やブランド名の由来、その会社のエポックメーキングとなった事などを手際よく盛り込んでいる。また、一目でわかるように、各社の簡単な年表もついている。

「博報堂」に関する記述は、「特色」「雑誌広告の先駆者」「広告と通信の二途を」「民放発足と電波媒体の取り扱い」「マーケティング会社を志向」「シンクタンクもニューメディアも」といった見出しを付けて、３段組・１ページに、わかりやすくまとめてあった。

以上で「博報堂について」のリクエストにはほぼ応えられたように思える。しかし、これだけでは画竜点睛を欠く。博報堂自身の事と同じくらい重要なのは「電通との比較」である。博報堂は広告代理店第二位で、１位は電通だからである。

二社の比較は、重要な項目を漏らさず、かつ、わかりやすくなければならない。

両社共、非上場会社であることは知っている。そこで『会社総鑑 未上場会社版』（日本経済新聞社発行）の「博報堂」と「電通」のページをコピーして並べて揃える。

同じ項目を横に並べて比べてみると、広告代理店という同業であっても、その違いが際立って見え、なかなか興味深い。

これで良し！　と。

目を通して欲しい順に資料を並べてまとめ、秘書に電話して〝一丁上がり〟である。

N役員から追加注文は何もなかった。ということは、必要にして十分な資料を揃えて渡したということである。


レファレンスのレクチャーや訓練の際、私は次のように言う。

「仕事は、普通の場合は、言われたらすぐに腰を上げるという心がけが必要です。でも、レファレンスの場合だけは違います。利用者が何を探しているか、何を最も知りたがっているか、十分に話し合って確認し、目的や、それまで利用者自身が調べたことも聞き出して、そこではじめて腰を上げ、とりかかることです」と。

ただし、これは、初心者に対するアドバイスである。〝情報便利屋〟をもって任ずる者としては「一を聞いて十を知る」でなければならない。

ただ、便利屋も、利用者全員に対して、このような対応をしているわけではない。また、役員だって、目的をキチンと伝える場合も多い。

「一を聞いて十を知る」のは、気をきかすためばかりではない。利用者が目的を言えないこともあることに配慮しなければならないからだ。

例えば、こんなことがあった。

某日、ある役員から電話があった。数人の経済人の名前を挙げて「これらの方々に関する資料が欲しい」とのリクエストである。全員、経団連会員企業の社長であった。時期と挙げられた名前から「財界人事の参考にするのであろう」と察した。

普通のケースであれば、データベースや文献で調べた結果を、リストや文献の現物あるいは記事コピーなどで渡せば良い。役員も「資料が欲しい」と言ったのである。

しかし、この時は「一を聞いて百を知る」くらいの対応が必要だと感じたから、調査の結果を一枚の表にまとめることにした。

左端に名前を年齢順に並べ、氏名にはフリガナを振った。経団連会員の有力企業の社長なら、姓は難読でも周知されているが、名前の方は案外正確に読めない場合があるからだ。

右側の欄には、生年月日と年齢、学歴ほか略歴を記し、社長就任年月日は特記した。また、財界人事は、いろいろな側面を見て決めるであろうと考え、経団連以外の経済団体や業種別団体の役員を務めている場合には、備考欄にその役職名と就任年月日を記した。

そうやって、数名を縦・横・斜めに一覧できるようにし、その表と、人物紹介などの記事を数件コピーして、役員に渡しておいた。

後日、その役員から「あなたが作ってくれたあの表は、会長・副会長会議でも、資料として使わせてもらったよ」と言われた。会議の議題が〝財界人事〟であったとは一言も言われなかったが、言外に明らかであった。

財界首脳人事は、新聞記者も飛びつくほどニュース価値がある。だから、レファレンスの注文の際「この人達は○○の候補になっているが……」などと言えるはずがない。また、無邪気な人に調査を頼んで、他に漏れても困るのである。

経団連ライブラリーのサービスは、役員にもヒラの調査マンにもほとんど平等な対応をしている。役員が借りている資料でも、若い調査マンが緊急に必要としていれば、貸出期限が来ていなくても返却してもらうことなど、日常茶飯事である。

ただ、役員からのレファレンスにおいては〝便利屋〟の出番が多い。その理由は、先に述べたとおりである。

役員の〝一言〟から推し量って、前記のように資料を探索し、応えて、外れたことはまずない。「一を聞いて十を知る」ためには、経済界の動向や最近の重要問題、役員の予定や最近の関心事等を常に把握し、注意しておく必要がある。仕事のやり方のクセ、本人の性格等も熟知していなければならない。

経団連事務局は、総勢200名弱の小さな職場である。職員も若い時から定年までずーっと同じビルの中で仕事をし、言葉を交わし、付き合いがある。在職年数の長い私にしてみれば、一々聞かなくてもわかることが多い。それに、職場（事務局全体）の風通しも良い。

便利屋も、そんな職場の風土の中で育てられていることは確かだ。

3 「ダレ」って誰？

U部長から電話。

「ワルター・ダレっていう人について調べてくれない？ ヒトラー政権で農業大臣だったらしい。スペルはWalter Darre。ア、最後のeにアポストロフィがついてる」

ヒトラー時代のドイツ人でゲッベルスなら知っているけれど、ダレなんて知らないなァ。でも、農業大臣をやったくらいの人ならなんとかなるかも。ただ、ドイツ語の文献しかないかもしれない。

「ドイツ語でもいいですか」と聞くと、U部長は「ドイツ語は勘弁して。英語ならいいよ」。

レファレンスは、限定条件が付くほど調べる内容がクリアになり調べやすくもなるが、逆に大きな制約が生じて一挙に難しくなる場合がある。「ドイツ語ではダメ」というのは、後者のケースだ。

「詳しいことがわからなければ、生没年と何の専門家だったかくらいの、ごく簡単なことでいいよ」

U部長はそう言って電話を切った。しかし「ごく簡単なこと」も「詳しいこと」も同じなのではないかと、この時私は感じた。

U部長からのリクエストは大抵、経済や産業以外のこと――つまり、わが経団連ライブラリーの守備範囲外の分野のものである。経済のことはホットなイシューまでよく知っているので、ライブラリーに聞く必要がないのであろう。

彼はすぐれた翻訳家で、専門用語や歴史上の人物に関する記述に出会うと、ある一語を訳すために、数冊の本を読むという人である。また、かなりの読書家で、例えば、ゴルフを始める時には、まず本を100冊くらい読んだという。

それでも「文献を探す」という点では、情報便利屋の出番がある。

U部長の方で「すぐにはわからないだろうな」と思っても、自館の資料だけを使って5分以内で回答できることもある。逆に、外部の専門家を探して教えを乞い、ようやく解決できる難問だったりもする。

こちらの守備範囲外の分野であることと、解決に至る道が極端に分かれるのが、U部長からのリクエストの特徴である。

さて、「ダレ」である。

受話器を置きながら、直観的に「ウチではわからない」と思った。それでも、最低限の資料に一通り当たったのは、確認のためである。

「最低限の資料」とは百科事典、歴史および伝記事典、ナチス関係の文献の3種である。

百科事典は、平凡社の『世界大百科事典』、小学館の『日本大百科全書』、それに『Encyclopaedia

Britanica』の3種。どの百科事典を見ても、項目にも索引にも「ダレ」はなかった。

歴史および伝記事典は、『世界歴史大事典』（教育出版センター、1985年、全22巻）と、『世界伝記大事典 世界編』（ほるぷ出版、1980〜1981年、索引共全13巻）という、かなり詳しい事典がある。また、ちょっと古いが（しかしこのケースでは、古い方がベターである）『大人名事典 外国篇Ⅰ』（平凡社、1954年、1958年の2種）、『世界人物事典』（旺文社、1967年）も見た。しかし、これらにも「ダレ」は拾われていなかった。

ナチス関係の文献で、経団連ライブラリーが所蔵する最も詳しいものは、日本評論社が1940年頃に出版した『新獨逸國家体系』（全12巻）である。この「政治篇」や「経済篇」を、目次だけでなく、ページを繰って丁寧に見てみたが、やはり「ダレ」をみつけることはできなかった。

ナチス関係の文献といえば、4年前、ライブラリーのリニューアルに際して、第二次世界大戦の頃の文献をかなり除籍してしまった。残念だったと悔やまれる。もっとも、除籍していなかったとしても、ダレに関するものはなかったとは思うのだが……。

とにかく、経団連ライブラリーではお手上げだということは確認できた。

「自館の資料ではわからない」と早めに見切りをつけることは、仕事のロスをなくす点で大切である。どの時点で見切りをつけるかは、蔵書構成や文献の内容を理解していれば判断できる。

自館になければ、他の図書館のお世話になるわけだが、方法としては①質問自体を相手に引き継ぎ、調べてもらう、②自分で出向いて調べる、の二つがある。

私は②の方法を採り、自宅近くの杉並区立中央図書館に行って調べることにした。

ドイツ関係の専門図書館や国立国会図書館ならわかるようにも思えるが、それは「杉並区立中央図書館でわからなかったら」ということにしよう。何故かといえば……。

わが国の専門図書館を網羅的に収録した『専門情報機関総覧』（専門図書館協議会編・発行）の索引をたどれば、ドイツに関しては、都内では「在日ドイツ商工会議所」「東京ドイツ文化センター図書館（ゲーテ・インスティテュート）」がある。名称は以前から知っているが、実際にこれらの機関を訪れて資料の状況を自分で見たことがなく、スタッフの方々とも交流がない。

同総覧で「主な収集分野」を見てみると、在日ドイツ商工会議所は「ドイツ本国の商業・経済」、東京ドイツ文化センターは「ドイツの文化・社会・政治・歴史を紹介、新しい情報を提供することに努力している」とある。つまり、両機関共、〝最近の〟ドイツの情報提供を行っているらしい。

さらに、所蔵資料を見ると、圧倒的に洋書（多分ドイツ語文献）が多い。

国立国会図書館を利用しなかったのは、時間とエネルギーをかなり消費しそうな気がしたからだ。

杉並区立中央図書館には豊富な蔵書がある。収集もきめ細かい。かなりの本が開架になっていて自由に手に取れる。

まず、2階の参考図書室に直行した。経団連ライブラリーの数倍の参考図書がギッシリと書架に並んでいる。

人名録、百科事典、第二次世界大戦関係の参考図書を片っ端から見ていったが、ダレに関する記述はみつからなかった。

しかし、がっかりはしなかった。むしろ「やっぱり」と感じただけである。各参考図書の収録範囲を見て、これらの本に採録されるには、ダレはあまりに特殊な人だとわかってきたからだ。

こうなったら、一般書（というよりは専門書）をブラウジングするしかないと、1階の「歴史」の書架へ向かう。

「ヒトラー政権の農業大臣・ダレ」を調べるには「政治」「歴史」「農業」といくつかのアプローチがあったわけだが、ここでまず「歴史」を選んだのは私の勘である。

国別に並んでいる歴史の書架で、ドイツの、ナチスの関係のものを次々に手に取って、索引と目次を見ては「ダレ」を探した。

何冊目かの索引に「ダレ」がやっと出ていた。宮田光雄著『ナチ・ドイツの精神構造』（岩波書店、1991年）である。ダレの生没年は1895〜1953年、名前のスペルはRichard Walther Darré。U部長の言ったスペルはちょっと違っていた。

生没年しかわからないのでは物足りない。さらに、ほかの本を見ていく。

「やっぱり詳しいことはわからないのかしらん」とあきらめかけた時、『ドイツ農村におけるナチズムへの道』という本が、まるで私をめがけて襲いかかるように目に飛び込んできた。

はやる心で索引と目次を繰る。

人名と事項に分かれた巻末の索引は非常に丁寧なもので、人名索引にはすべてフルネームが原綴で付記してある。

「ダレー（Darré, Richard Walther）」の項を見ると、ページを示す数字がズラズラと並んでいる。

「これだ！　あった！　あった！」

ビールで乾杯でもしたい気分である。


豊永泰子著『ドイツ農村におけるナチズムへの道』（ミネルヴァ書房、１９９４年）は、ドイツにおける農業政策の歴史的展開を農村社会の構造分析と関連づけつつ考察し、それがどのようにナチズムへの道に帰結していったかを究明しようとしたもので、全体として三つの部から構成されている。


第一部では主として第二帝政期におけるユンカー経営に焦点をあてつつ、ドイツの農業と農村社会の歴史的特質を考察し、第二部ではヴァイマル期における農業と農村をめぐる政治的・社会的葛藤にメスを入れ、農村へのナチズム浸透の諸条件を解明しようとしている。そして第三部ではナチズムが農村にどのように浸透していったかを、ナチスの農村・農業政策の展開と農村社会の状況との関連の中で考察している。まさに〝ナチ農本主義の指導者・ダレー〟のことが書いてある！

ダレーの生まれから学歴・職歴、ナチに入党した契機、彼の思想……と、宝石箱のようにダレーに関する情報が詰まっている。しかも、全部日本語でだ。予想もしなかった収穫である。「まえがき」や「あとがき」によると、著者・豊永泰子氏は、ドイツ近現代における農村と農民について研究を続けてきた方で、三重大学教授だった。ところが、本人が病に倒れ、教授も辞して療養中のため、同氏の先生・先輩・同輩らで「豊永泰子氏著書刊行会」を結成して刊行の運びになったのがこの本であるという。

この経緯や、巻末の「引用文献一覧」に教えきれないほどのドイツ語文献が挙げてあることから、豊永氏が同書のテーマをライフワークとし、また、その研究が非常に優れたものであったことがうかがえる。

翌日、U部長に「とってもいい本がみつかりましたよ」と言うと、「シャハトについても出てる？　ダレと対立してたらしいんだなァ」ときた。

「そんなの最初に言ってくれなくっちゃ」と普通はグチりたくなるが、今回は鼻唄まじりで人名索引を見る。シャハトについてもかなりの記述があった。

本件に会心の結果をもたらしたのは、直接自分で出向き、ブラウジングしたからである（ブラウジングとは、探すものに該当するものはないかと書架上でザッと見てみること）。

電話で他館に応援を頼むことはよくあるが、説明している時間があれば、出掛けた方が早い場合だってある。それに、間に人が入れば入るほど、情報というものは正確に伝わりにくくなる。まして、必要な情報に幅がある場合、相手のもとに最高のものがあっても、最低限のものしか返ってこない恐れがある。

本、雑誌記事、新聞記事などを探すのは、コンピュータ一辺倒になりつつある。しかし、ブラウジングの楽しさは捨てがたい。杉並区立図書館のＯＰＡＣ（インターネットからアクセス・利用できるオンライン蔵書目録）でも、この本をピタッと探し当ててはくれない。

ブラウジングの豊かさや楽しさをどうやって担保するかが、今後の文献探索、スタッフ教育の大きな課題である。

余談だが、このレファレンスの後、経団連事務局随一の読書家でものしり博士のようなＨ氏に「ダレーって知ってる？」と訊くと「知ってるよ」と事もなげに言われた。

「かくかくしかじか……。こんな本があったの。学者ってやっぱり凄いわね」と興奮気味に話すと、彼は「農業経済を研究してる人には面白いだろうからなァ。農業経済の研究者は農学と経済学の二手に分かれるんだ。農学関係は技術的な研究も多いけどね。経済学からのアプローチには近代経済学とマルクス経済学の２系統がある。マル経は制度論に詳しいんだ。僕はマル経から入って文献を読んでって、ダレーを知ったんだよ」と。

ウーン、経団連にも大した人がいるもんだ。

4　図書館はシステム

私は高校生の時、毎日つけていた当用日記の巻末にあった「職業案内」で司書という職業があるのを知った。卒業生の就職率・就職先を調べてみると抜群に良かったので、先に将来の職業に「司書」を選び、そのために図書館学科に進学したのだが、当初私が持っていた図書館というものに対する認識やイメージは、一般の人が持っているもの（本や雑誌がたくさんあって、貸してくれる所）と同じだった。

ところが、たまたまアルバイトでやった仕事で「図書館の手法の素晴らしさ」を知り、図書館に対する認識が一変したのである。その仕事とは、ＮＨＫのレコードのカード繰込作業だった。

ＮＨＫでは、日本で制作されるものはもちろん、輸入盤も含め、ものすごい量のレコードを収集している。クラシック、ジャズ、シャンソン、歌謡曲、民謡、童謡、軍歌……と、さまざまなジャンルがあり、ＬＰレコード（当時、ＣＤレコードはまだなかった）には、Ａ面・Ｂ面（両面）合わせて多くの曲が入っていた。

放送では、音楽番組だけでなく、ドラマのＢＧＭなど、多くの場面で音楽が利用される。リクエストに応じながら進める番組もある。だから、どんなアプローチからでも、求めるレコードが即座に探せ、現物の出納（出し入れ）ができるシステムが構築されていた。

１９６０年代半ばのことだから、コンピュータはまだ使われておらず、カードを使っての方法だった。だからこそ、システムの構造がよくわかり、その見事さに感嘆させられたともいえる。

一枚の基本カードを、ジャンル、曲名、作曲家名、演奏者（これも、指揮者、オーケストラ、ソリストといろいろいる）と、何枚も（多いものは20枚くらいも）副出（コピー・展開）して、それを独自の規則に従って並べるのである。

作曲家名はすべて原綴のフルネームで管理する。外国人名をカタカナにすると表記のゆれが生じて混乱するからだ。

モーツァルトは、よく知られているアマデウス（Mozart, Wolfgang Amadeus）と、その父親（Mozart, Leopold）と、二人いる。バッハ一族は、最も有名なヨハン・セバスティアン・バッハ（Bach, Johann Sebastian）をはじめとして、ゲオルク・クリストフ、ウィルヘルム・フリーデマン、カール・フィリップ・エマヌエル、ヨハン・クリスティアン……と、16世紀末から19世紀前半まで80人以上の音楽家を輩出している。これら一人一人を明確に区別し、次に、作曲家ごとに、曲名、演奏家別……と並べていくのだ。

カードを並べる規則はかなり複雑だったから、繰込・排列作業は図書館の勉強をした者でないとできないということで、司書予備軍の学生をアルバイトとして雇っていたのだった。

実際、作業のやり方をマスターするには、ある程度努力を要したが、私はこの仕事にすっかりハマってしまった。

NHKのレコードの整理・検索方法を考案したのは、わがライブラリースクールの先輩の小川昂《たかし》という方だった。残念ながら小川氏には一度もお目にかかったことはないが、学生時代から、私は師と仰ぎ、お手本とした。

NHKでは、レコードだけでなく、本や雑誌、新聞切り抜き、楽譜、写真、フィルムなど、分野や媒体を問わず、膨大な資料を収集・保管し、一刻を争うニュース番組にも即応できるように、なにもかもキチンと整理されていた。

「膨大なものの中から、求めるものを即座に確実に探して提供する」——図書館の手法を使った現場の仕事に接し、「今勉強している図書館学ってこれなんだ！　これこそが図書館の手法だ！」と、学校の授業以上に私の目を見張らせたのだった。また、優れたシステムは、大変な労力、地道な作業の積み重ねによって構築されていることを、身をもって知ったのである。

図書館では、受け入れた本を分類し、著者や書名やその本のテーマなどをインプットし、ラベルを貼り、所定の書架に並べるという作業、すなわち、資料を利用できるようにする一連の業務をやっている。これを「資料の組織化」というが、なぜそういった手間をかけるかというと、資料をシステマティックに探すためには絶対に必要なことだからだ。

学生時代のアルバイトによって「膨大なものを整理し、効率的に探すシステムが図書館である」ことを発見し、一般の人々とは全く違う図書館の捉え方をした私は、以後、それが仕事のバックボーンとなり、図書館のどんな仕事をやるときでも、そのことを意識してやってきた。

小川氏から学んだのは「レコードの整理・検索システム」だけではない。ツールづくりの大切さだ。

同氏は、NHK音楽資料部長、音楽部長の後、NHK交響楽団常務理事・事務長を務められたが、そこでも「洋楽索引」という大変な業績を残しておられる。

当時プログラム編成に欠くことのできない参考資料が皆無に等しいことに気づき、「それなら私がまとめてみよう」と、わが国の職業オーケストラのすべて（当時は9団体）について、創立時からの定期演奏会を記録し、曲目、内外の指揮者やソリスト、合唱団体から引き出せる総合的なインデックスを1972年に出版されたのである。

さらに、1992年には、22団体に増えたわが国職業オーケストラの活動だけでなく、1955年以降37年間に及ぶ海外オーケストラの日本公演のすべてを記録した追補版も出版された。

追補版には、音楽会や音楽番組に不可欠な演奏時間も記してある。例えば、ブルックナーの交響曲第4番を小沢征爾が指揮すれば63分37秒、チェリビダッケの指揮では85分9秒と、同じ曲でも20

分以上の差があるそうだ。[1]

今はコンピュータに基本的なデータを入れさえすれば、後はいろいろな側面から検索できるようになっているから、とても便利で楽だ。ただ、今であれば、私も「図書館はシステムである」ことに気づかなかったかもしれない。コンピュータは、利用するにはとても便利になった反面、中身や構造がブラックボックス化して、本質を理解しないまま物事を進めてしまうのではないかと思うからだ。

引用文献

1：「小川昂・音楽ライブラリアン魂――日本の職業オーケストラ全記録を出版」日本経済新聞、1992年12月9日付、第36面。

5 Special assistance

ワシントンの駐在員・Y氏からEメールが届いた。

「次の『JEI REPORT』のテーマは〝日本型リストラ（というものはあるのか）〟にしようと思うのですが……」

彼は経団連からJEI（Japan Economic Institute）にVisiting Economistとして出向し、アメリカに対しては日本の、経団連に対してはアメリカの情報を提供するという役目を担っている。

JEIは「日米関係の健全な発展のために客観的な情報を提供する」ことを目的に、1957年にワシントンに設立されたアメリカの調査機関で、設立運営資金は日本の外務省が出している。スタッフは9人。内、日本人はY氏一人である。

JEIのレポートは、アメリカにおいて、日本と日米関係に関するタイムリーで客観的かつ分析的な、信頼性の高い情報源として重宝されている。

情報化時代の今日、アメリカに住んでも、テレビでは衛星放送で日本の番組が見られ、新聞は衛星版が発行されているから、日々のニュースを見る限りでは「情報には国境や時間の隔たりがなくなった」を実感する。しかし、キチンとしたレポートを書こうとすると、途端に立ち往生する。日本と密接な関係にあるアメリカでさえ、日本情報過疎地帯である。

信頼できる優れた論文・レポートはオリジナルなデータに当たって書かなくてはならないが、オリジナリティーがあり、かつ最新のデータ・情報を載せた文献は、首都ワシントンでさえ、なかなか揃っていないからである。

ＪＥＩには日本の政府刊行物や統計など〝Books on Japan〟の公開ライブラリーがある。日本の専門図書館協議会のメンバー館と比較しても恥ずかしくない規模のものだ。しかし、資料の鮮度は落ちる。特に本はそうである。日本経済新聞も1ヵ月分しか保存していない。

Ｙ氏は、2ヵ月に1回、ＪＥＩメインの刊行物『ＪＥＩ ＲＥＰＯＲＴ』（週刊）の1号全部（10〜15ページ）に署名入りで、日本に関する論文・レポートを書いている。日本に関する有力な情報源となるものを英文で書くのであるから、結構大仕事である。

執筆の担当時期が近づくと、まずＥメールで「どんなテーマがいいでしょうか」と相談してくる。といっても、全面的に依存するのではなく「僕としては×××はどうかと思っています」と彼なりのテーマを挙げ、それを取り上げたい理由も添えてくる。

私は彼からのＥメールを読み、自分の感想・意見・対案などを考え、まとめておく。どんなテーマを言われても即応できる態勢が必要である。

Eメールが届いてから半日〜一日後に、彼から国際電話がかかってくる。

電話では、テーマについて徹底的に率直に議論する。もともと、談論風発は経団連事務局の〝社風〟である。話すことによって問題が整理・推敲され、新しい発見もある。それに、ここで十分な議論をしないと、お互い、後の作業がフラついてしまう。

今回の「日本型リストラ」というテーマに関しては、米国で流行ったリストラクチャリングやリエンジニアリングと、日本企業のリストラの相違点や共通点から始めた。

「リストラ」を論じるためには①必要となった背景、②実態、ケース、③経営学的意味合いの検討などが柱になる。日米比較の視点としては「株主重視か、従業員重視か」「短期的視野か、長期的視野か」「規制、労働流動性など、外部環境の違い」なども見落としてはならない。より根本的には、経営責任、産業空洞化、企業家精神、日本の潜在的成長率、さらには日本の将来にかかわる問題も含んでいるかもしれない。

そんなことを議論しつつ、お互いの頭を整理していくと、論文のテーマやトーンが決まる。そこで、私が資料集めにかかる。

テーマ決定から約1ヵ月で彼が書き上げなくてはならないから、資料の第一次収集・送付は2日以内を目標にやることにしている。しかし、よく議論した後だから、目標はクリアで、この資料集めは気分的には楽でやりやすい。

手順としては、大抵の場合、まずデータベースで雑誌記事を検索し、そのリストをEメールで彼に送る。

図書や新聞記事については、必要に応じて対応する。本は情報の鮮度が低いのと、現物送付が物理的・時間的によろしくないため。新聞記事は、論文の資料とするには細かすぎ、件数も多すぎるためである。

こちらから送信して30分もすれば、原文が欲しいものに◎や○や△でプライオリティーをつけたリストが彼から返送されてくる。少なくとも20件位ある。

ここからは物量作戦だ。いかに効率よく、速く、安く届けるかが第一義である。

原報請求のあった雑誌のすべてを経団連ライブラリーで所蔵しているわけではないから、所蔵機関を探し、借り出さなくてはならないものがある。また、記事のコピーもとらなくてはならない。

雑誌記事は、プライオリティーの高いものからファクシミリで送る。

あまりにページ数が多いもの、カラーページ・グラフ・図表が多いものなど、資料あるいは緊急性によって、料金等を勘案して手段を選ぶ。海外へ送る場合、手段による所要日数や料金の差が大きいので、そのあたりの計算も必要である。

ここまでやれば、あとは彼の仕事である。1ヵ月後には「RESTRUCTURING, REENGINEERING AND JAPAN'S MANAGEMENT SYSTEM」が出来上がって、私にも送られてきた。

Y氏への対応で重要なのは「レポートのテーマを何にするか」についての検討・議論——つまり、

その問題の内容に踏み込んだ関わり方である。相手の考えていることをこちらの反応によって映してみせる「鏡」、キャッチボールをしながら問題を整理・推敲する「対論相手の役」を求められる。だから、ここでは一般論を言うのではなく、私自身の率直な考えや、肌で感じた最新の動向を述べることが大切である。彼もまた、それを期待・希望している。

例えば「日本における規制緩和」を取り上げた時は、日本の経済発展に規制が果たした役割、規制緩和が必要だとすればその理由、などから入っていった。そして、日本における規制緩和をめぐる議論の歴史的経緯、アメリカと日本の対比、「五ヵ年計画」の評価などについてレポートしてはどうかということになった。

日本では規制緩和推進論が活発だが、規制緩和が失業の増大や産業の空洞化など、マイナスの結果ももたらすことはアメリカが実証済である。①歴史的位置づけ、②内容、③推進体制、④今後の見通しといったものについても掘り下げてみたいと。

「〝アジア諸国の対日感情〟について書きたい」と彼が言ってきた時は、私は当初賛成しなかった。「あなたがアジアにいて、現地の人から直接得たものをレポートするわけじゃないのに……」「自分のことを相手がどう思っているかを書こうなんて、失礼じゃないかしら?」「アジアと一口に言ったって、第二次世界大戦のこともあり、国によって対日感情もかなり違うでしょう?」と。

しかし、日米安全保障関係の再認識の動きの中で出てくる「日本の軍事大国化に対するアジア諸国の懸念もあり、日米安保は必要」という、いわゆる「〝瓶の蓋〟論」をきっかけに、このテーマに関心を持った彼はがんばる。

「アジア諸国の懸念は、一般論としてはわかりますが、実際には、国の違い、時代の流れ、世代交代の中で、日本に対する見方は変わっていると思います」と。

そして、結局、書くことに決まった。

書くと決まったからには、文献収集面で全面的にサポートする。

「日本への信頼（あるいは不信）などについて本音が見えるようなものがあればありがたい」という彼の要望に応えて、対日感情に関する内外のアンケート調査も可能な限り集めて送った。

彼のレポート『JAPAN IN ASIA: PERCEPTIONS AND REALITIES』は堂々たるものであった。第二次世界大戦の傷痕の部分と、経済的に日本を評価し、交流しようとしている部分を対比しつつ、日本とアジアの国々との関係を改めて見渡してみて、日本にとっての課題を中心にまとめてあった。

資料を受け取った直後に「さっそくたくさんの資料を送っていただき、ありがとうございます。アジアの国々について当然知っておくべきことで知らなかったことが多く、大変勉強になっています」というていねいな礼状をくれた彼の爽やかさも気持ち良かったが、出来上がって送られてきたレポートを読んで、日本とアジアの関係は、こういう若々しい感覚の人によって改善されるだろうと思った。そして、通俗的で手垢のついた自分のアジア観を恥じたものである。

これまでに彼が書いた論文・レポートのテーマは、「日本人の消費行動」「日本の環境政策」「ホワイトカラーの生産性」「首都機能移転問題」「日加関係——特に日米関係との違い」「地価下落」「世代交代——新しい世代は日本を変えるか」などである。

私は、Y氏だけでなく、３年交代で派遣された歴代のＪＥＩ駐在員に対して、このようなサービスを続けてきた。調査マンを内容的にも物理的にも全面的にサポートする〝便利屋〟であることは事実だろう。

しかし、ワシントンと東京の協同作業を通じて私が得たものは計り知れない。

経済をはじめとする日本のトレンドに関心を持ち続け、それを世界的視野の中で捉えること、新しい問題・議論が白熱している問題を前向きに捉えることなどを学んだ。主題知識の効果的な取り入れ口になっているのはいうまでもない。

Special assistance によって、実は私自身が、ライブラリアンとしても経団連のスタッフとしても、豊かに育てられているのをつくづく感じるのである。

6　情報部門のスタンス

経団連の資料・情報部門は、組織上、長い間「部」であったが（1961年に調査部資料室が「資料部」となり、1966年10月、新築された経団連会館内に公開専門図書館「経団連図書館」を開設して、経団連事務局内の名称は「図書館部」となった）、部長に適材がいなくなった1994年4月、「広報部情報メディア課」となり、調査部から独立して以来33年間続いた「部」が「課」になった。一般的な感覚では〝格下げ〟である。

「部」から「課」に変える理由を当局から「ライブラリー強化のため」と説明され、当初は苦笑した。しかし、結果的には「強化」されたのである。従来部長が行使していた権限と責任が課長に移り、機能主義に基づいた運営となって、職場の活性化とスタッフの能力開発の大きなインセンティブとなったからである。

事務局におけるポジションの決め方も一風変わっていた。「課」になるに際して「所属する〝部〟は〝総務〟か〝広報〟のどちらかを選べ。〝課〟の名称も自分たちで考えよ」と言われたのである。企業等では考えられないことである。

「〝何になろうと大したことではない〟と突き放された」と思えばネガティブになるが、「好きにしていいのですね」と受け取れば、自主性を重んじてもらえたと捉えられる。そこで、管理部門の「総務部」ではなく、サービス部門である「広報部」を選んだ。名称は新しいイメージを打ち出して「情報メディア課」にし、館の名称も「経団連図書館」から〝調べもののための図書館〟の姿勢を明確にし、「経団連レファレンスライブラリー」と変えた。そして、これを機に、ライブラリーのリニューアルを実施した。

組織内ライブラリーを見るとき、例えば「係」より「課」、「課」より「部」と、より上位に位置づけられている方が評価されているという風潮があるが、必ずしもそうとはいえないのではないか。「部」から「課」へと〝降格した〟この時の経験から思う。

組織は固定化・硬直化する傾向があり、その結果、人よりも組織の安定・調和が優先されがちであるが、仕事中心に考えた方が良いと気づいた。もし「部」に固執していたら、人数は多い半面、意思決定の手続きが煩雑になり、スタッフの能率も悪くなっていたに違いない。

ライブラリーリニューアルの際、各人にルーティンワークの三割削減を課して仕事の合理化・省力化に知恵を出し合った。〝三割カット〟はかなりの荒療治ではあったが、例えば〝一割〟などよりもかなり抜本的な見直しができる。「昔からやっているから」「よそでもやっているから」というだけの理由で、深く考えもせずに続けている仕事をいくつも発見できたし、単純作業は外注化したりした。そうやって生み出した時間をレファレンスサービスに向けた結果、レファレンス件数は従来の5~6倍にも増え、ライブラリーも活性化した。

この時のライブラリーのリニューアルは、ハードも、運営・サービス面もリフレッシュした。例えば、従来は会員企業・団体の職員に対して「図書館だから当然」と、地価の高い東京都心の大手町で閲覧サービスに広いスペースを割き、ゆったりした椅子も置いていた。会員企業の役員が来館した時のためにと作った個室も五つあった。

しかし、リニューアル後は、閲覧席を必要最低限に減らした。しかも椅子はバーのカウンターにあるような高い、かつ座り心地の良くないものにした。ヒマつぶしの場所借り的利用を防ぐためである。

貸出は、従来実施していた個人への館外貸出をやめ、図書館協力としての相互貸借に限定した。「資料はすべてレファレンスブック」「仕事のための図書館」という認識に立ち、経団連事務局職員がいつでも利用できる状況にしようと考えたのである。

これは、会員企業・団体の、全体では何十万人という社員・職員の中の、ほんの僅かな人々に〝点のサービス〟をするよりは、経団連の調査活動の成果を提言やレポートにまとめ、またその実現方に努め、会員あるいは経済界全体にその効果が及ぶ〝面のサービス〟を充実させる方が経団連としても有効だと判断したからである。

資料の受け入れも見直した。それまで100万円以上払ってすべて買い揃えていた『有価証券報告書総覧』をバッサリとやめにした。利用のほとんどは、同総覧を必需資料とする特定の企業調査機関（つまり、営利目的）だったからである。

雑誌の受入方針も変えた。

当時、968の法人（企業）以外に、業界団体・地域別経済団体など169の団体等も経団連の会員になっていた。つまり、経団連は「団体の団体」という性格も持つ。このことから、従来は、経団連会員のデポジット・ライブラリー的機能も果たそうと、会員団体が発行する雑誌をきめ細かく受け入れ、長期保存していた。団体は、企業より情報のレベルや視点がマクロであり、政府よりはミクロである。経団連においてはセミ・マクロ情報へのニーズが高いから、昔から団体の雑誌に期待していたともいえる。

しかし、実際には、団体の雑誌の記事を利用することはきわめて少ない。技術的な内容のものはなおさらである。

そこで、要否を洗い直して受入雑誌を絞り込み、継続受け入れの場合も保存年限を大幅に短縮、ほとんどのものは1年にした。

このような経団連ライブラリーのリニューアルを振り返って感じるのは、「べき意識」からの脱却である。

以前は「経団連の図書館」という〝立場〟をかなり意識していた。しかし、資料・情報部門が〝立場〟に固執すると、〝ためにする仕事〟が肥大化したり、書庫が倉庫化したりしやすい。

さまざまな仕事・作業の中でどれがいちばん、自館あるいは組織にとって重要かを見極め、無用な仕事は減らす、あるいはやらないで済ませなければならない。

機械化進展の効果・影響、あるいは経済情勢など、資料・情報部門の環境変化に伴い、マネジメントの重要性が一層増し、マネージャーやスタッフの手腕によって、専門図書館の個性・特色が強まり、格差も急激に拡大する。

〝同業者〟を見ると、例えば、実質2名のスタッフでルーティンワークをこなすのはもちろん、オリジナルなデータベースも作成し、社内のレファレンスには、自家製データベースでほとんど対応できるという機関がある。資料の受入量は決して少なくはないのに、午前中には終わり、滞貨はない。机の上はいつもきれいである。仕事のメリハリが利いているからである。

一方、スタッフは多いが、業務を網羅的に行わなければならないとの思い込みから、常に滞貨に悩んでいるところもある。

機関によって、求められることが異なるのだから、マネジメントの内容がまるっきり異なるのは当然である。

しかし、〝求められている〟と思っていることが、本当にそうなのかどうか、ほかにもっと付加価値の高い何かがあるのではないかということは、常に考えなければならない。

いつも思うのは、物事は受動態で考えず、能動態で考えたいということである。主語がハッキリしない受動態では、前向きの行動には結びつかない。

人を生き生きとさせるのは、強い願望や意欲、そして面白さ・楽しさである。「……したい」という前向きの発想が、人をも仕事をも活性化させるはずである。

ドラッカーは「成長には廃棄が必要である。製品、工程、流通チャネルを不断に見直し、自らを陳腐化させていかなければならない」[1]と説いている。情報部門の運営やサービスについて考える場合にも、非常に参考になる言葉である。

引用文献

1：上田惇生著『ドラッカー 時代を超える言葉――洞察力を鍛える160の英知』ダイヤモンド社、2009年、175頁。

7　男はつらいか

大阪の友人・O氏からの手紙に「面白い〝悩みごと〟ですので、関係者に読ませてやってください」と新聞の切り抜きが同封してあった。

朝日新聞夕刊（大阪版）に掲載された「人生相談　男もつらいね」で、〝営業の一線から資料室に配転〟された45歳のサラリーマンが相談者である。

20年以上にわたり営業の一線で働いていたのですが、仕事で失敗して、資料室に配転させられてしまいました。資料室でやる仕事はほとんどありません。毎日、お茶を飲み、新聞を読んで、ただ夕方が来るのを待つ日々です。時間がとても長く感じます。これまで営業の第一線で働いてきた私には耐えられません。以前は残業の連続で、家を顧みず仕事をしてきました。早く帰ることができるようになっても、家族の中ではかえって居心地の悪さを感じます。人生が終わったような感じさえします。[1]

この相談に「メンズセンター」という所の二人の男性が回答している。同センターは〝男らしさ〟を重荷に感じる男たちが自分らしさを取り戻すため、１９９５年10月に大阪市に開館した「男性版駆け込み寺」[2]である。

回答者・味沢道明さんの回答は「バリバリの営業マンがいきなり窓際となると、ショックはさぞ大きいことでしょうね」と始まる。そして「そのうちもっとすてきな新しい人生が始まるかもしれません。残業ばかりでやがて過労死とか、もっと高齢になってリストラに見舞われるよりは、はるかにラッキーだったと思うのですが」が締めくくりである。

もう一人の梶田淳平さんは「相談者が何を悩んでいるのかがわからない」としながらも、「仕事上の失敗が何かはわかりませんが、今回の配置転換に示されるように、会社はあなたを守ってはくれません」と断じ、「まずは、自分のやりたいことをじっくりと考えた上で、今の生活をとらえ直してみることが第一歩といえるでしょう」と答えている。


相談者・回答者が「資料室＝窓際・左遷先」という点でぴったり息が合っているのを見てもわかるように、外部の人々は、資料・情報部門に対して、一般的に、マイナーでネガティブなイメージを根強く持っている。

世間や他部門ばかりではない。資料部門に配属された当の本人が「ヒマだ」「変化がない」と嘆く。「自分は常に正しく優秀だ」という気持ちばかりが強く、そのくせ受動的で何もせず、自分の職場を名実共にダメにしてしまう。社会の職業観や職業の格付けに影響され、人生をも毒されてしまっているのである。

「職業に貴賤なし」とよく言われるが、現実には暗黙のうちに職業や職種の格付け・序列があり、人々をふるい分け、社会や組織における階層を決定する重要な要因になっている。

それでは、雇用者、その中でもホワイトカラーの職種はどのように格付けされるのだろうか。

アメリカのビジネスコンサルタント、ベティ・L・ハラガンは、自らの職業体験を踏まえて、企業で勝ち残ろうとする女性たちに向けて、具体的・実践的なアドバイスを豊富に記した『ビジネス・ゲーム——あなただけに必勝法教えます。』（福沢恵子、水野谷悦子共訳、WAVE出版、1993年）を著しているが、この本の中で彼女は「同じ会社の同じフロアで働いていても、働く人の間にカーストは必ず存在します」と説き、「〝スタッフ〟の仕事よりも〝ライン〟の仕事に」「〝サポート部門〟より、〝お金を儲ける部門〟に」就くように勧める。[3]

「ライン」は、営業や生産に直接関係した、お金を儲ける部門で、その会社の全体の状況を把握し、意思決定ができる。これに対し、「スタッフ」はラインの仕事をサポートするセクションで、ラインから「使われる」という性格を持つ。

だから「本当に自分の思いどおりに仕事をしたいと思ったら、何が何でもラインの仕事に就かなくてはならない」「低いカーストの部門に配属されたら、一日も早くそこから抜け出せるようにすべきだ」というのである。

彼女は、サポート部門（スタッフ部門）の序列についても強調する。

スタッフ部門は、さまざまなレベルでライン部門に報告する役割を持っているが、「報告する相手（ライン）がより高いポジションにあるスタッフ部門が優位である」。だから、「スタッフ部門を観察する時は、そこの長が誰に報告しているかを見極めよ」と。

ハラガン女史の仕分けによれば、最も優位に立つスタッフ部門は、経営最高責任者（会長）に報告する「法務部門」や社長に報告する「広報部門」である。

「会計部門」や「人事部門」は副社長に、「広告部門」は課長ないしは現場のマネージャークラスにつながっている。

最も低いのが「調査部門」で、報告相手は良くて課長レベル、一般的には現場のマネージャーとなっている。

「資料・情報部門」は調査部門のそのまた一部である場合が多いから、会社の中では、ラインから相手にもされないポジションにあるといえよう。

ハラガンの説に、私は全面的には首肯し難い。これはアメリカの企業の構図であり、しかも、原書が出版されたのは、１９７７年であるということを含みおく必要がある。

さて、企業の場合、お金を儲ける部門が強いのは仕方がないとしても、資料・情報部門が窓際的イメージを持たれ、スタッフ部門の中でもこんなにも格付けが低いのはなぜだろうか。

私は、〝組織で働くための基本的なメンタリティの欠如〟が大きな原因だと思う。〝ホウ・レン・ソウ〟（報告・連絡・相談）不足と、マーケティング戦略のまずさである。

資料・情報部門からは「上司や役員に理解がない」と嘆く声がしばしば聞かれる。しかし、座して待っても〝理解〟は永久に得られない。理解して欲しい相手ほど、キチンとした報告が必要である。一般的に、資料・情報部門ほど経営母体や上司への報告・働きかけを怠っている部門はない。組織の中で仕事をしていくには、命令・報告・相談の系統の遵守が重要であり、組織を動かすには、正式な手続きによる社内のコンセンサスの獲得が必要である。

しかし、「やる気のない窓際的上司がきた」「報告しようにも、材料がない」と、はじめから上司への働きかけを放棄してしまう人が多い。

これは、目先の〝作業〟にばかりとらわれているからである。〝作業〟ではなく、自分がやっている〝仕事〟の意味付けを考え、相手にも理解してもらわなくてはならない。

「マーケティング戦略」も、なにも難しいことではない。顧客志向、つまり、利用者の立場に立ったサービスやシステムを心がければ良いのである。

職業の概念・機能には、三つの側面がある。

第一は経済的側面で、金銭的又は物質的報酬の獲得による〝生計維持〟である。

第二は個人的側面である。職業活動は、〝個性発揮〟や〝自己実現〟、つまり〝やりがい〟という精神的報酬をもたらす。

第三は社会的側面で、職業活動を通じての社会への貢献（社会の維持・発展）である。これによって、社会的地位や尊敬を得、孤立感・疎外感からの解放といった〝社会的報酬〟が得られる。

この三つのバランスがよいのが理想的なわけであるが、報酬を計るのは各人である。

金銭的報酬は他者から与えられるが、被雇用者の場合、同一企業であれば、職種や部門が変わっても、数倍の開きはない。

しかし、あとの二つの〝報酬〟の格差はきわめて大きい。精神的報酬は、自らが裁定し、認識するものである。社会的報酬は、自分と他者との相互作用によって決まるものである。


職業の三つの側面に照らし合わせてみると、組織の中の資料・情報部門の仕事は、恵まれた魅力的な仕事だと思うのである。

他の部門の仕事と比べてみるといい。一人の人間がやる仕事の内容として、こんなにバラエティ・幅広さがあるものはない。新規開拓分野も多く、アイディアを生かせる。しかも「命令されて仕方なくやる」というよりも、自分の判断や裁量の余地が大きく、自律的・主体的に働ける。

絶えず知的刺激があるのも楽しい。レファレンスのリクエストに応えながら、毎日学ぶ内容がある。そして、その仕事の経験を自分に蓄積でき、労働市場で価値を持つ。

人との接点も多く、人間的なつながりが広い。組織内では、どの部門とも、また、新入社員から役員まですべての層と、仕事で付き合える。

自分の本務としてやった〝サービス〟が、他人から感謝されるなんてことは、組織の仕事の中でもめずらしいことであろう。

技術の発展を、単なる合理化のためではなく、自らの意思と努力で、前向きの近代化・効率化として取り込むことができる。私の職場でも、5年前（いや3年前でもよい）と今とを比べてみると、目を見張る進歩を実感できる。

このように、幅と厚みを兼ね備えた、非常に人間的かつ自己完結的な仕事と言えよう。

冒頭の切り抜きを送ってくれたO氏は、有能なジャーナリスト（経済記者）であった。彼は、資料・情報部門に異動になると、嘆くどころか大喜びし、「図書館員ほどいい仕事はない」が口癖である。自らの仕事を精力的にこなす一方、現場の人々からさまざまな面でアドバイザーとしてありがたがられている。さらに、自らのライフワーク・研究を続け、学者以上の知識や問題意識を持っている。しかも、それが本業にも大いに役立つ。

また、大新聞の敏腕経済記者として鳴らしたA氏は、データベース事業部門に異動になった。彼も全く新しい仕事に積極的に取り組み、記者時代に勝るとも劣らぬ目覚ましい活躍ぶりである。ライブラリーやその周辺について〝素人〟であったこれらの人々から教わること・受ける刺激は大きい。

職場のカーストは永久不変ではない。冒頭の〝相談者〟が長年就いていた〝営業〟の仕事は、高度成長期には確かに花形職種だったであろう。日本は、第二次世界大戦後の高度成長過程で産業構造が大幅に変化し、製造業の発展に伴って、製品を〝売る〟仕事が増大したからである。

さて、今や〝情報化社会〟である。モノや資本などに代わって、知識や情報が優位となる社会といわれる。

だからといって、資料・情報部門にいる人々に即、日が当たるわけではない。それどころか、資料・情報部門が重要になれば、O氏やA氏のような人が他部門から流入してきて、人のリプレイスが行われるかもしれない。

職業についての名言に次のようなものがある。

「つまらぬ職業はない。つまらぬ人々がいるだけだ」[4]

引用文献

1：「人生相談　男もつらいね」朝日新聞（大阪版）、1996年12月19日、第3面。
2：「中村彰さん　男性版駆け込み寺の発起人（インタビュー）」朝日新聞（大阪版）、1995年10月30日、第1面。
3：ベティ・L・ハラガン著、福沢恵子、水野谷悦子共訳『ビジネス・ゲーム――あなただけに必勝法教えます。』WAVE出版、1993年、191頁。
4：渡部昇一編『ことばコンセプト事典』第一法規出版、1992年、737頁。

8　英文法令社の心意気

１９９７年春のある日、Ｔ課長から「商法の次の条文の英訳が欲しい。第２０４条、２１０条、２１２条、２１４条、２６７条、２６８条、２９０条、２９３条、２９８条、３０１条、３０２条、３０４条、３０６条、３０９条、３１０条……。海外出張へ持って行きたい」と電話。「商法の英訳ねェ。困ったわ。あるかしら……」と独り言のように言うと、彼は「新人みたいなこと言うんじゃないッ！」と一喝して電話を切った。

商法は「商人の営業、商行為その他商事について定めた法律」（「商法」明治32年法律第48号）で、企業の経営に重要な影響を持つ。わが国には、当時約１２０万の株式会社があったが、その発起人、定款、株式、設立、株主総会、取締役、監査役などについて規定しているのが商法である。だから、資料の内容の新しさは必須である。条文を言われたら、その部分の改正の有無をチェックし、それから資料を探さねばならない。

商法は、１９９３年に社債法の全面改正、帳簿閲覧権の拡大、株主代表訴訟制度の改正、１９９

4年に自己株式取得規制の緩和といった注目すべき改正があった。T課長のリクエストには、その部分の条文も含まれていたから、最新法令の英訳でなくてはダメだ。

外国に持って行くのであれば「携帯に便利で、かつ使いやすい（資料の内容を探しやすい）」も大切な要件である。さらに、現地で外国人にあげてしまう場合も多いから、「買えるもの」がベストである。

T課長のリクエストは①最新の内容、②借出ではなく所有できる、③資料の形態がコンパクトの三つが必要十分条件ということになる。

さて、私が「困った」のにはワケがある。また「あるかしら」は、資料ではなくて、出版社のことなのだ。

「商法の英訳」と言われてすぐに頭に浮かんだのは「英文法令社」である。

同社は、日本の主要法令の条文を英訳し、A5判のコンパクトな判型で出版していた。かつて何回か、出版物を買うために訪ねたことがある。

英訳の仕事は大学の先生がなさっているとのことであったが、その大学教授が亡くなられたので、法令英訳の事業を継続することが難しくなったと聞いたのは、もう大分前のことである。オフィスも移転したのか閉鎖したのか、以前の場所になく、昔の電話番号は通じなくなっていた。だから「英文法令社さえあればなァ。困ったなァ」と思ったのである。

一応、念のため『出版年鑑１９９６ 資料・名簿編』で出版社の名簿を見てみたが、「英文法令社」は収録されていない。

「やっぱりなくなってしまったんだ」

経団連ライブラリーに差し替え式の『DIGEST OF CONMMERCIAL LAWS OF THE WORLD』がある。

世界中の会社法が、バインダー11冊に、国名のアルファベット順に収録されている。これに「JAPAN」もあるのは知っている。

しかし、これはタイトルからもわかるとおり、「要約」である。それに、１９９２年8月差し替え分が最も新しく、商法の最新のものをカバーしていない。

同書の出版社はニューヨークの Oceana Publications, Inc. だが、「JAPAN」の部分を担当したのは、東京・銀座の Matsuo & Kosugi（という、多分弁護士事務所）の Tasuku MATSUO 氏である。

そこで、タイトルページに記されたその弁護士事務所に電話で聞いてみることにした。こういうことは、本を書いた人がよく知っているからである。

幸いなことに、松尾法律事務所は移転もしておらず、すぐに電話がつながった。応対してくれたのは、松尾氏ではなくて、F弁護士であった。

「『DIGEST OF CONMMERCIAL LAWS OF THE WORLD』、最新のものをその後訳していらっしゃいますか？」と聞くと、「やってはいますが、出版はまだです」とのこと。

「あァ、そうですかァ」――がっかりして電話を切ろうとしたのだが、電話の向こうのＦ氏が非常に親切な感じであったので、私の口からふと「昔は、英文法令社っていうのがあったんですけれどねェ」と余計な(?)ことが口をついて出た。

すると「英文法令社ならありますよ」と思いがけない反応。「エッ！　だって先生が亡くなって、英訳ができなくなったって聞きましたよ」と言うと「いえいえ、まだ、やってますよ。電話番号は今ちょっとわかりませんが……」

そうか！　なくなってはいなかったのか！

ＮＴＴの番号案内１０４番に問い合わせて英文法令社をつきとめた。

こうして、１９９４年改正分までカバーしている『THE COMMERCIAL CODE OF JAPAN』（６５００円）を購入でき、「困った。やっかいだ」と思った一件は案外アッサリ解決した。

「経済の国際化」と言われて久しい。企業活動は地球的規模で展開し、しかも、モノの往来（貿易）だけでなく、ヒト・カネ・情報の活発な往来をも含む多面的な性格を帯びるようになってきている。

企業の経営に重要な影響をもつ法律は商法だけではない。独占禁止、知的財産、会計基準、税、労働、環境……。ちょっと考えただけでも、さまざまな分野のものがある。

国際化時代を迎え、自他共に「経済大国・日本」と認めるのであれば、外国の人々に日本の法律を理解してもらうために、法令の英訳は必須の課題のはずである。そして、その仕事は、本来なら、国の機関がやるべきものではなかろうか。

もっとも、第二次世界大戦後、連合軍による日本占領時代には、占領軍の命令により、官報も、新たに制定あるいは改訂されるすべての法令も、政府の責任で英訳されていたという。

しかし、１９５２年４月に対日講和条約が効力を発し、わが国が独立を回復すると、日本政府は、これら英訳版の発行・公布を廃止した。「一国の政府がその法令を他国語に翻訳するのは、独立国の体面を汚す」というのが理由だったらしい。

財団法人英文法令社の創設者は、中根不羈雄《ふきお》という学者である。

第二次大戦後、中国大陸から引き揚げ、日本銀行の嘱託に採用された中根氏が最初に手がけた仕事が、当時は政府の仕事として行われていた「法令の英訳」であった。

講和条約の発効後、政府は英文化を廃止してしまったが、当時は今日以上に米国への依存度が強くて、わが国法令の英訳は実業界からも切望されていた。

そこで、中根氏は、事業として成り立たないことは明白であったが、これを個人の仕事としてやることにした。同窓生、外人弁護士、米国のフォード財団等から財政的援助を受け、また、１９５

6年7月には、文部省から許可がおりて、わが国法令の英訳を目的とする「財団法人・英文法令社」ができたのである（2012年1月以降は株式会社）。

1966年に亜細亜大学の初代法学部長に中根氏が就任すると、同法学部所属の教授たちからの学術的・人的援助と協力も得て、同社の事業が継続された。

中根教授は1983年9月に84歳で亡くなっている。

戦後間もない頃に、すでに将来の国際化社会を予測し、日本の法律の英訳の必要性を察知し、それを実行してきた同教授の識見と実行力に感じ入る。

法律はめまぐるしく改正される。毎日欠かさず官報に目を通し、新しい法律の制定や政令・省令の改正をチェックし、改正法規を英訳してタイムリーに提供するのは大変な仕事であろう。しかも、法令の翻訳は、単に「縦のものを横にする」というわけにはいかない。

それにもかかわらず、英文法令社は、1995年度には、商法のほか、会社更生法、刑法、弁護士法、製造物責任法など14の法律、1996年度には、法人税法、特許法施行令、労働組合法など、13の法律の英訳・追録を出版するという精力ぶりである。

同社はこれまでに『英文日本法令全集』として、全8巻・150冊を刊行している。全巻一括購入ではなく、必要な法令のみ買うこともできる。値段も安く、法令ごとの一冊の定価は2～3000円。商法の6500円は最も高価な部類である。

英文法令社の出版物は、各国の政府機関や大使館、在外公館、法律事務所、大学、図書館、多国籍企業等からのニーズに応え、その知名度も広く浸透しつつあるという。

経団連ライブラリーでも、同社のカタログをチェックし、商法以外にも、必要な法令をまとめて発注・購入した。

また、出版ニュース社に「英文法令社をぜひ『出版年鑑』に収録して欲しい」旨、申し入れた。私が「英文法令社はなくなったのだ」と思い込んだのは、出版社の名簿になかったからなのだ。レファレンスツールを充実させるための要望・努力も、便利屋の後始末として必要なことである。

※英文法令社については、同社ウェブサイトの「沿革」を参考にした。

9　友あり、遠方より助く

「これ、知ってる？　どんなものか具体的に見てみたいんだけど……」と、人材育成グループのIグループ長が1997年6月20日付『夕刊フジ』の記事を持ってきた。

『『財界』主幹村田博文の財界探検」という囲み記事で、リコーの浜田広会長が登場している。浜田氏が関東鹿児島県人会連合会の第4代会長に就任したことから、県人会や鹿児島のことに重点を置いた紹介記事である。

記事によると、浜田氏は日頃から「薩摩（鹿児島）の原点は島津日新公にある」と考えている。日新公は、薩摩が輩出した西郷隆盛や大久保利通らが活躍した幕末より300年位前の人で、明応元（1492）年の生まれ。薩摩藩主・島津家の傍流だが、文武両道に優れ、英明な殿様として知られていた。この日新公が48歳から55歳までの間に作った『いろは歌』が、薩摩の人材教育の原点になり、明治・大正期、そして昭和のはじめまで活用されたというのである。

Iグループ長は「『いろは歌』がどんなものか見てみたい。できれば、人材育成案の参考にしたい」というのだ。私が鹿児島出身でもあるので、知っているのではないかと尋ねてきたのである。

しかし、私は薩摩の「いろは歌」なんて全然知らない。そんなものがあるなんて初めて聞いた。

さて、このケースは①主題が、経団連ライブラリーのテリトリーである「経済・産業」の分野ではない、②きわめて限定された地域のもので、かつ、歴史的な資料である、③独立した文献として世に出ているかどうかわからない、④市販されているかどうかも疑わしい、というものである。

このようなケースは、網を広げてアチコチに聞くと、質問事項を説明しているだけで時間がかかる。また、「何でもあるはずだから」と、国立国会図書館に問い合わせても、電話をたらい回しされるのがオチだ。

だから、狙いを定め、最少の手間と時間で、必要なものを確実に入手することが肝要だ。一気に、それがわかりそうな人――つまり、鹿児島の人にアプローチするのが一番だ。しかし、鹿児島の人であれば誰でも良いというわけでもない。

まず、歴史に詳しい人。となると、男性だ。歴史に興味を持つのは、圧倒的に男性だ。それに、鹿児島の男性は、呆れるほど郷土愛に燃え、地縁が強い。鹿児島のことなら、薩摩隼人《はやと》に聞けば大抵のことはわかる。

第二の要件は「本好きであること」。噂や記憶によるのではなく、出典が明らかでなければならないからだ。更に、ファクシミリや郵便を送るという雑務も気軽にやってくれる人でなくてはならない。

私は、これらの要件を完璧に満たすH氏にファクシミリを送った。鹿児島県出身・鹿児島市在住の生命保険会社の幹部である。彼自身が直接答えられなくても、こちらが期待する回答をしてくれそうな人々をたくさん知っているのも頼もしく思えたからだ。

「鹿児島のことで、教えていただきたいことがあります。別紙『夕刊フジ』記事の5段目に、薩摩の人材教育の原点になった『いろは歌』のことが出ていますが、その内容はどんなものだったのでしょうか。ご存知でしたら、教えてくださいませんでしょうか」

それから一時間も経たないうちに、彼から電話があった。

「本屋でみつけました。これから郵送します」

一発で命中である。それに、市販の本になっているとは！　何という幸運！

翌日には『島津日新公いろは歌』という書名の本が速達で届いた。新書判程度の大きさで全65ページ、定価は600円だ。

奥付を見て驚いた。鹿児島の人にはよく知られている本のようだ。1981年に初版を発行しているが、その後、毎年のように重版している。

発行者は東京・板橋区の「郷土の偉人顕彰会」の満江巌氏。『先覚者 島津斉彬』『西郷隆盛の人と思想』といった鹿児島の偉人に関する本を著している人である。

『島津日新公いろは歌』は、満江氏の「解説」によれば、島津日新公が選んだ当時の人生訓である。公は民衆にもよく理解できる平易な歌によって、武士にも庶民にも通用するような〝人間としての生き方〟を示したのである。薩摩の郷中教育や学舎鍛錬の優れた資料として用いられ、若者は日夜この歌を口誦して、心を整え、己を反省するように努めたという。

例えば、第一首目「い」の歌は「いにしへの道を聞いても唱えてもわが行いにせずばかひ（甲斐）なし」で、「いくら立派な教えを聞いても、これを口に唱えても、自分で実行しなければ何の役にも立たない」という意味である。この歌は、リコーの浜田会長が今でも忘れないようにしている歌の一つである。

この本を探して送ってくれたH氏は、「いろは歌」のことは知らなかったという。しかし、書店めぐりが大好きなので、試しに「郷土関係図書コーナー」を見てみたら、並べてあったとか。「小生分も求めました。勉強してみたいと思います」と同封の手紙にあった。

別のケースだが、阪神淡路大震災の際にも遠くの友人に助けられた。

１９９５年1月17日に発生した阪神淡路大震災の翌日、私は社会貢献部のT課長に「神戸市の地図を至急5部揃えてくれ」と頼まれた。経団連が被災地に派遣する災害視察やボランティアのために必要なのである。

電話を受けた瞬間「しまった！」と後悔した。「どうしてすぐに神戸の地図を買っておかなかったのか」と。

阪神淡路大震災は、発生直後はニュースでもさほど大きな災害ではないように伝えられたが、時間が経つにつれ、とてつもなく深刻な被害がわかってきた。大都市だっただけに、翌日には日本中が動き出していた。

案の定、時すでに遅く、近くの書店はもちろん、都内のどこも、神戸の地図は品切れになっていた。発行所に問い合わせても「今、急いで増刷に努めていますが、一週間位かかります」という。

私は、大阪府池田市に住む専業主婦のEさんに電話して頼んだ。神戸にも知り合いはいるが、消息も定かではない。大阪市には経団連の関西事務所があるが、そこのスタッフも自宅が被災しているから、こちらがお願い事をするなどという非情なことはできない。それに、大阪市内でもおそらく神戸の地図は売り切れだろうと思ったから、周辺の町の友人を選んだのである。

Eさんは私からの電話を受けるとすぐにでかけて、池田市の書店を回って、最新の、ハンディで使いやすい神戸市街図を揃えて、速達で送ってくれた。間一髪であった。なぜなら、彼女が買うと、どの店でも、神戸の地図は売り切れになったからである。

もう一つ、今度は名古屋の友人にお世話になった話。

朝、出勤してEメールを開けると、上司の本部長から「中村鴈治郎《がんじろう》さんの連絡先を知りたい」というリクエストが届いていた。鴈治郎さんといえば、歌舞伎の大御所で、人間国宝である。

私は文楽人形遣いの人間国宝さんと親しくさせていただいており、その方と鴈治郎さんが昔から非常にお親しいということも知っている。プライベートな側面であれば、問い合わせできなくもない。しかし、本部長は「連絡先」と言っているのであるから、ご本人に直接コンタクトするというわけではなさそうだ。ここはやはり、マネージャーとか付き人さんを探すべきだろう。

私は名古屋の劇場のM氏に電話で尋ねた。歌舞伎役者の方々とも親交があり、歌舞伎の世界にも詳しい方だ。

M氏は即座に個人的なマネージャー、ほかの役者さんとの共同事務所など、4種もの連絡先を挙げてくれた。すべて、住所、電話番号、FAX番号が明らかであった。おまけに、「今月、鴈治郎さんは巡業中ですよ」ということまで教えてくださった。

経団連ライブラリーの情報探索は経済や産業関係だけのように思われるかもしれないが、実は経済以外のさまざまなことについてリクエストがある。どんなリクエストにも、即、応え、便利屋として面目を施せるのも、多くの人に協力していただいているからである。

専門図書館のライブラリアンに大切な要件は、人が好きであり、人に興味があることである。仕事の相手は、本ではなくて人であり、文献やデータベースは仕事の道具に過ぎない。ライブラリアンに限らず、組織の中での仕事には常に人間がからんでいる。

私の最大の財産は、仕事を通じて、あるいは、趣味や、友人の紹介や、もろもろのきっかけでできた多くの素晴らしい友人・知人である。

さまざまな職業、さまざまな階層の人がいる。企業・団体の人々、経済評論家、シンクタンクの研究員、コンピュータやデータベースの専門家、外資系企業や国際機関のスタッフ、大学教授、中学校の校長、大学やインターナショナルスクールの職員、教育委員会の幹部、教育コンサルタント、国会・大学・専門・公共とすべての館種の図書館司書、美術館・博物館の学芸員、官僚、政治家、外交官、新聞・雑誌記者、放送局のアナウンサーやディレクター、作家、詩人、出版社の編集者や営業、医者、獣医、看護師、弁護士、税理士、建築家、ツアーコンダクター、お坊さん、カウンセラー、文楽や歌舞伎界の人、蕎麦打ち、書家、画家、声楽家、俳優、写真家、財団のプログラムオフィサー、気象予報士、農業の専門家、アパレルメーカーのアドバイザー、カラーアナリスト、バーのママ、ホテルのシェフ、芸能プロダクションのマネージャー、製本会社の経営者、眼鏡問屋の社長……。書店は、新刊書店の経営者もいれば、古書店の店主もいる。

サラリーマンなら、業種・部門・職種・年齢もさまざま。課長、部長、役員までポストもさまざまである。

地域的に見ても、海外の主要都市に、国内ではほとんどの都道府県に、誰かしらいる。

手元には、電話やEメールでかなりの無理が頼める約2000人の名簿がある（ということは、その方々から何か頼まれたら、こちらも即座に応えるということでもあるが……）。

名簿には、自宅と勤務先両方のデータ（郵便番号、住所、電話番号、FAX番号、Eメールアドレス）が入っている。氏名には旧姓・別姓も補記してあるし、勤務先のデータには、会社名、機関名、役職名のほか、異動・転職・移転などをした場合はその日付や前職なども備忘的に記してある。それぞれの人の趣味や得意分野も入っている。データは変更・追加があり次第、更新しているのはもちろんである。

これらの人々に共通するのは、それぞれの仕事でプロであるばかりでなく、人間的にも魅力的だということである。

私の〝人脈形成〟に特別なノウハウはない。①気持ち良く数多くの人に会う、②頼まれたことはすぐに確実にやる、③気軽に手紙を書く――この三つを心がけているだけである。

好奇心のかたまりのような私にとって、人と会うのはとても楽しいことである。その人にしてみれば日常的な何の変哲もないことでも、その業界・その仕事の話を聞くのは実に興味深く、何冊の本を読むよりも生きた知識を得ることができる。

手紙は、年賀状を別にして、年間400通くらい書く。400通というのは特に多い方ではない。友人で中堅企業の社長をしているS女史は年間1000通の手紙を書くし、作家の永六輔氏は「一日に100枚の葉書を書く」と何かで読んだことがある。

私の手紙は、むしろ必要最低限のもので、その多くはお礼状である。一緒に食事をして楽しかったお礼、本を寄贈していただいたお礼、仕事でお世話になったお礼……。

お礼を述べるのに相手を呼び出すのは失礼である。それに、書くと丁寧になり、キチンとした印象を与える。だから、電話ではなく礼状を書く。

手紙を書くのは、受け取った時、どんなに楽しく嬉しいことか、私自身が知っているからだ。友人たちも実によく手紙をくれる。男性も女性も、偉いさんも……。出すのも受け取るのも、たいていは絵葉書だから、長文の手紙ではないが、なぜか大きな信頼感が生まれる。

信頼を築くには、お金に関する注意も必要だ。協力をお願いした相手に金銭的な負担がかかった場合は、すぐに精算することを心がけている。

前記の『島津日新公いろは歌』や神戸市街地図を送ってもらった時、H氏やEさんは「大した金額ではありませんから差し上げます」と書き添えてくれていたが、代金に郵送料も足した金額を即日送金した。人は、多額の借金は忘れないが、少額の貸し借りは忘れたり、うやむやになったりしがちだ。しかし、信用のためには、少額のものほどキチンとすることが大切である。

「人脈が大切」とはよく言われることである。しかし、人脈は、作ろうと思っても、簡単にできるものではない。お金を払って手に入れられるものでもない。

長い年月働いてきて、気がつくと凄い財産ができていたというのが、正直なところである。

10 「職」と「食」

食事は単に生命維持や栄養補給のためではなく、文化的行為を伴い、心理的な側面を持つ。また、家庭以外での食事は、社会的行動でもある。楽しい食事を共にすると親近感も醸成される。

フランス美食学の先駆者の一人、ブリア・サヴァランが「教養ある人にして、はじめて食べ方を知る」と明言したとおり、人が食べる姿にはその人の内面があらわれ、料理に関する知識や心配りで、教養が推しはかれる。

事業本部のNグループ長が、百科事典を開いたまま「アカザ海老ってどういう海老かしら」と訊いてきた（東京・大手町の経団連会館は経済界の会議センターの機能を有し、各種会合やレセプションに利用されている。事業本部はその担当部門）。

経団連ライブラリー所蔵の2種類の百科事典のどちらにも「アカザエビ」の項がある。平凡社の『世界大百科事典』には「体長25センチに達する甲殻綱アカザエビ科のエビ」「身はやや軟らかく、甘みがある」「ヨーロッパでは日本でのイセエビに匹敵する重要種」などの、小学館の『日本大百科全書』には「節足動物間甲殻綱十脚《じっきゃく》目アカザエビ科に属する食用エビ」「肉が美味で、商品価値が高い」といった記述がある。

百科事典で満足できないのなら『新日本動物図鑑 第5版』（岡田要著、図鑑の北隆館、1974年、全3巻）がある。「上巻」巻末にある「和名索引」を見ると「あかざ」があった。「〝エビ〟が付いていないのはちょっと変か」と思いながら本文を見ると、出ているのは鯉やナマズの仲間「あかざ」という魚で、エビではない。

「百科事典に一項目設けて載っているくらいだから、より詳しい動物図鑑には必ずあるはず。どうしてアカザエビが索引にないのか」とよくよく見ると、軟体動物と節足動物を収録している「中巻」に載っていた。7500余種の動物を種類別に収録しているこの図鑑は、索引も巻ごとだったのだ。自分のそそっかしさを反省しつつも、索引は総合索引にしてほしいと思う。

図鑑の記述は百科事典と大差ないが、絵がついている。N女史にそのページを見せたが「もっと詳しいの、ないのかしら」とまだ満足してくれない。

「どうして?」とちょっと考えて気が付いた。そうか、〝食材〟としてのアカザエビを調べているのだ。

改めて聞いてみると、彼女のニーズは次のようなものだった。

3月中旬に賞味会を開くのだが、シェフから提示されたメニューの一つに「アカザ海老と雲丹のクレピネット包み焼き（Crepinette de Langoustine et oursins Poelee）」というのがある。3月の賞味会でアカザ海老を使うことは、季節的に何か意味があるのか（季節感として適当なのかどうか）を知りたいという。

それなら、動物学的な説明がいくら詳しくても役に立たない。こういうことは、経団連のライブラリーやそこいらの図書館の蔵書ではわからない。専門的かつ限定されたニーズだからだ。料理の専門家に訊くしかない。

私は、フランス料理に関しては日本でも有数の識者である鳥取在住の友人Iさんに、そのメニューを添えてファクシミリを送り、尋ねた。

Iさんは、1960年代初頭にパリに渡り、それから四半世紀の間、本場フランスから日本に向けて、フランス料理のレシピや情報を提供し続けた人である。料理の腕もプロ並みだ。

1964年に東京でオリンピックが開催されるのを機に、日本にも高級ホテルが次々にできた。当然、レストランではフランス料理を提供する必要がある。しかし、当時の日本では本格的に修行したコックの数も少なく、フランス料理はまだ未開発だった。それに、フランス語に堪能でなければ、フランス語の料理の本を見ても理解できない。だから、Iさんからの情報は非常に貴重だったのだ。彼女が編纂・発行に携わった『フランス料理仏和辞典』（イトー三洋、1987年）や『料理和仏辞典』（イトー三洋、1992年）はコックの必携で、隠れたロングセラーになっている。

返事はすぐにきた。結論からいえば「季節感には関係ありません」とのこと。ただ、「メニューはコース全体を見て評価しなければなりません。〝クレピネット包み焼き〟というのはしっかり火を通す料理です。そういうお料理にはオマール海老をお使いになる方がいいと思います」とアドバイスしてくれた。

経団連には内外の要人がしばしば来訪し、飲食を伴う会議も多い。海外の人で、宗教上、食事・飲み物の制限が厳しい人もいれば、菜食主義の人もいる。事業部門に限らず、経団連の職員は、料理や飲み物に関する知識・配慮が必要である。

経団連だけではない。ビジネスの世界で仕事と飲食は意外に密接な関係がある。企業や団体でも、会議、レセプション、パーティ……と、食事が大切な場面であることが容易に理解できよう。

私は、飲食に関して、三つの側面に気をつけている。①料理そのもの（食材や調理法）、②エチケット（テーブルマナーやテーブルセッティング）、③飲食店の情報、である。

料理、特にフランス料理は材料が豊富で、スパイスやハーブも数多い。その材料を組み合わせ、さまざまな調理法を用いて料理が作られる。どの材料はどのような調理法が適しているか、①については、本ではなく、機会をとらえて、コックさん・板前さん・店主などから教えてもらうのが効果的かつ効率的だ。前記三つの中では私の知識は最も少なく、難しいことである。

②は社会人のマナーともいえる。テーブルセッティングの知識など必要ないように思われるかもしれないが、業者に注文を出す場合にこちらから指示しなければならない。必要なスペース、テーブルクロスの掛け方、盛り花、席順、食器やナプキンの位置などを、食事の目的、料理の種類によって決めるわけだが、難しいのは席順である。外国の要人の場合は、外務省などに問い合わせなくてはならないこともある。

テーブルマナーは、椅子へのかけ方、ナプキンの使い方、ナイフ・フォークの使い方、パン・肉・魚・果物の食べ方のほか、料理の注文の仕方、ワインの選び方などが含まれる。基本的にはフランス料理のディナーをいただく時のマナーであるが、ヨーロッパ大陸、イギリス、アメリカと国によって違いがあるというから、そのことも知っておかなくてはならない。

フランス料理のフルコースは、オードブル→スープ→魚料理→温かい肉料理→口直しのシャーベット→ロースト→サラダ→デザートが正式の手順である。料理をおいしくいただくために、食事の進行にあわせて、アペリティフ（食前酒）、ワイン、食後酒をそれぞれ選ぶ。ワインはぶどうの収穫年による評価を示したリストがあるが、そこまで詳しく知っている必要はない。ただ、よく知られた銘柄や値段の相場は知っている方が良い。

メニューを見て、その中からどんな料理を選び、全体としてどんな構成のコースにするか――それをさりげなく私に教えてくれたのは、女性より、むしろ職場の男性たちだったように思う。

メニューといえば、一流のレストランでは、ゲスト用に値段の入っていないものを用意していることも、知っておく必要がある。

③の「飲食店に関する情報」は、仕事に直結したものではないが、稼働率は高い。

「学生時代の友人たちと会ってメシを食うんだけど、虎ノ門あたりで和食のいい店教えてくれない？」「銀座で、あまり高くなくて、雰囲気のいい店、紹介して」

リクエストを受けると、目的、食事の種類（和・洋・中など）、予算、人数、場所、座敷か椅子席かなどを細かく尋ね、1〜2の店を紹介する。飲食店に関するデータは携帯電話にインプットし、適宜、追加・訂正を行っている。

内容は、前記の項目はもちろん、予約の可否、駐車場の有無、クレジットカード利用の可否、営業時間（開店・閉店時間、ランチ・ディナーの時間帯やラストオーダー、定休日など）、値段（主な料理・飲み物の単価、コース料金など）、最寄り駅からの具体的な道順や所要時間などがすべてわかるようになっている。「ジャンル」も、洋食・和食・中華という大区分はもちろん、「洋食」ならインド料理、トルコ料理、南欧風居酒屋レストラン……、「和食」なら魚料理、会席、越後料理、焼き鳥、うなぎ、寿司……、「中華」は広東料理、台湾料理……という風に、さらに詳しく記している。

しかし、どの店がベストかは頭に入っていて即答できる。検索するのは、電話番号等の確認のためだけだ。

仕事がらみの友人・知人とのインフォーマルな付き合いや勉強会のあとの懇談など、食事は〝場所〟も大切である。人と会うのに気持ちのいい場所、しかも、自分のポケットマネーで払えるリーズナブルな値段の店――そういう飲食店を私なりの評価基準で選んでいる。

飲食店の紹介は、食べることが好きな私が長年にわたって蓄積したものを、友人・知人にも役立ててもらう有用な情報提供となっている。

11　産業史50年

「僕、今度〝戦後日本の産業史〟について講義することになったんだよ。参考になりそうな本を何冊かみつくろって紹介してくれないかなあ」

普段はあまりライブラリーを利用しないF役員からリクエストがあった。

すぐに書庫に入って、まず「日本の産業政策」の書架から左記①〜③の3冊、「日本の経済史・経済事情」の棚から④〜⑧の5冊を選び、私がつけたコメントを添えて提供し、本件は落着した。

編著者についての説明は出版当時のものである。

①山本修滋編著『変貌する日本産業――高度展開のダイナミズム』東洋経済新報社、1985年、A5判・229頁

編著者は、日本興行銀行で永年、産業調査の仕事に携わってきた人。その他の執筆者も、興銀産業調査部の幹部職員。

同書の内容は、興銀産業調査部の調査活動の中で産業の中期展望にかかわる部分を抽出し、議論

を重ねて再構築したもの。

私がつけたコメント「日本経済の土台を構成する要素を整理・分析したもの。中期展望を主題としている」

②鶴田俊正『戦後日本の産業政策』日本経済新聞社、1982年、B6判・287頁

著者は専修大学経済学部教授。

第二次大戦後、「産業政策は何を構想し、各時代において展開された論争が日本経済の競争秩序の形成にどのように貢献したか」を製造業に限定して論じたもの。

私がつけたコメント「産業政策の現代的役割を明らかにするために、産業政策の経済効果を実証分析したもの。産業政策を中心テーマとした日本経済論」

③中央大学経済研究所編『構造変動下の日本経済――産業構造の実態と政策』中央大学出版部、1980年、A5判・254頁

高度成長から石油ショック、円高から円安という日本経済の変革期の中にあって、産業構造はどのように変化したか。それに対して政府の産業政策はどんな役割を果たしてきたかの分析を試みたもの。中央大学経済研究所の産業政策部会の研究成果で、執筆は中央大学の教授陣。

私がつけたコメント「大学の研究プロジェクトの成果。学者の目で見たもの」

④金森久雄『戦後経済の軌跡――再論・経済白書』中央経済社、1990年、B6判・530頁

戦後経済の軌跡を再検討することによって、未来の指針となることを狙ったもの。

私がつけたコメント「歴代の経済白書執筆責任者が当時を振り返り、自分が担当した部分について再論したもの」

⑤勝又壽良『戦後50年の日本経済——金融・財政・産業・独禁政策と財界・官僚の功罪』東洋経済新報社、1995年、B6判・410+7頁

著者は、東洋経済新報社（『週刊東洋経済』編集長、取締役など）を経て、東海大学教授。

「世界最先端」ともてはやされた日本の経済システムや「積極果敢」と世界注目の的であった設備投資は、バブルが崩壊してみると、採算を無視した無謀なものであったと厳しく批判され、日本経済や日本企業に対する評価は180度急変した。その理由は何かという問題意識に立脚した書。

私がつけたコメント「経済政策決定のプロセスに焦点をあてたもの」

⑥佐貫利雄『日本経済の構造分析』東洋経済新報社、1980年、A5判・229頁

著者は、日本開発銀行設備投資研究所副所長、早稲田大学理工学部講師。専攻は経済学（日本経済論・産業構造論・経済政策）、都市工学（都市計画論・地域開発論）。

この本には私の思い入れがある。以前この本を読んで、二桁成長の高度成長期を思い出し、胸をワクワクさせたからだ。

著者は、日本経済の構造変動・成長の中心的推進力は設備投資と技術革新にあったと結論づける。「経済成長の主導的役割を果たした三つのトリガー産業（火力発電、石油精製・石油化学・鉄鋼・造船業、自動車・家電）は、新しい技術を利用・改良・再構成し、社会的ニーズに対応しつつ、日

本の経済社会に大きい波及効果を与えた。そのことが再び日本経済発展の起爆剤となってスケール・エコノミーを実現していく主導産業になった」と。相互作用を技術・経済両面から分析吟味し、経済的連関効果と技術的効果とが複合化して産業の成長をもたらし、それが日本経済成長の主導的役割を果たしたと論じている。

私がつけたコメント「高度経済成長過程および石油ショック以降における低成長過程における経済構造変動に焦点をあて、実証的に分析したもの」

⑦原田泰『テラスで読む戦後トピック経済史』日本経済新聞社、1992年、B6判・244頁

著者は、経済企画庁を経て、同書発行当時郵政省勤務の官僚。

私がつけたコメント「経済史研究者の手になる書。時代状況を想像してもらうために、映画を使用している」

⑧金森久雄『わたしの戦後経済史――エコノミストの50年』東洋経済新報社、1995年、A5判・410頁

困難に襲われ、危機論が唱えられても、日本の経済は力強く克服してきた。自らの体験を交えて綴る戦後50年の軌跡。

私がつけたコメント「戦後50年間、日本経済を観察してきた〝エコノミスト・金森氏の目〟は省略できないでしょう」

本件処理のポイントは四つある。

第一は「産業の歴史」のとらえかたである。NDC（日本十進分類法）の「産業政策」だけでなく、「経済史・経済事情」の分野も見なければならない。より幅広く産業の歴史を知りたいなら、産業史の上位概念である経済史の文献にも当たる必要があるからだ。また、「産業史」として出版されているものは、通産省所管の業種に限定され、運輸省所管の「運輸」、建設省所管の「建設」、厚生省所管の「医療関係」などの産業は落とされることが多いことにも注意する必要がある。

第二は、提供する文献にバラエティを持たせ、それでいて、全体の冊数はなるべく絞り込むことである。著者の立場や傾向、分析の仕方、焦点の当て方など、違うものを揃えて、メリハリをつけなくてはならない。映画で時代状況を説明した『テラスで読む戦後トピック経済史』を入れたのは、講義にバラエティと楽しさを加えられると考えたからだ。

第三は「わかりやすいもの」「読みやすい本」を提供すること。

本件をリクエストしたF役員は、産業の歴史をはじめから勉強しようというのではない。講義の構成や流れをどのようにするか――その参考のために関連の本を見てみたいのだ。

戦後日本の産業の歴史を事細かに知りたいのであれば、産業学会の編纂のもとで東洋経済新報社が刊行した『戦後日本産業史』（1995年）がある。しかし、これはあまりに詳細で、手軽に読めない。A4判で1255ページ（厚さ8・5センチ）もあって、片手で持てないほど重い。

私が選んだ8冊はどれも、電車の中でも読める軽さである。

第四は、それぞれの本について、簡単なコメントを付すことである。これによって、利用者は本の特徴を即座に理解できるし、自分で改めて選択する作業も必要ない。コメントを書いたからといって、私自身がすべての本を読んだわけではない。『日本経済の構造分析』以外は、全く読んでいない。しかし、どんな本でも、序文、目次、あとがきに目を通せば、その本の特徴やレベルは理解できる。

「ライブラリアンは〝客観的に〟資料を提供しなくてはならない」と一般的に思われているフシがあるが、私は、特に本件のようなケースの場合は、むしろ積極的に主観を入れる方が良いと感じている。F役員が最も喜んだのも、このコメントであった。

本件の回答に際して書架へ直行したのは、コンピュータで検索するより、その方が早いだけでなく、コンピュータで探しても、会心の回答は期待できないからだ。「産業」や「経済」の分野の蔵書は多いから、結局は本の現物を見ながら絞り込むしかない。それに、本の重さやわかりやすさは、現物を見なくてはわからない。

本件回答後、試しに、各本に付与してある「キーワード」を当館の蔵書管理システムでチェックしてみたが、受入担当者が替わっていることもあって、付与の仕方に統一性がなく、かつ、かなり粗かった。

しかしまた、キーワードがどんなに細かく付与してあっても、本件のようなケースでは、コンピユータより人間の方が、早く的確な回答ができるものである。

難しそうにみえても、経済・産業という自館のテリトリーのテーマに関するものはやりやすい。コメントを書く作業を含めても、本件の処理には30分もかからなかった。

12　偉人の物語

A部長から電話。

「社会科学を中心とした文明論的な分野でさァ、偉大な人・有名な人がいるでしょう？　そういう人の業績紹介で、すご〜くいいものをいくつか紹介してくれない？　〝その人が書いたもの〟じゃなくて、〝その人について書いたもの〟だよ」

「仕事・業績を紹介したものですね。私、映画監督に関するもので『絢爛たる影絵——小津安二郎』とか『溝口健二の人と芸術』なんてのを持ってるんですけど、ああいう本のことですよね」

「そう！　そう！　そう！　でも、映画や芸術の分野じゃなくって〝書く〟仕事をやった人がいいなァ。紹介のスタイルを知りたいんだ。人物の選択はあなたに任せるよ」

ウン？　珍しい注文だ。「社会学・経済学・政治学・文明論などの世界で、古典と言われるものを書いた人について、紹介のスタイル・方法がわかるようなものを何冊か示せ。しかもその業績紹介は優れたものに限る」ということだ。

A部長は著名な経営学者・文明論者・社会生態学者であるピーター・ドラッカーに関する研究を

ライフワークにしている。そのドラッカーの業績をまとめるにはどういう方法が良いのか考えたいのであろう。

気をつけなくてはいけないのは、古典の著者たる偉人の伝記を求めているのではないということだ。彼が欲しいのは〝業績紹介の比較〟あるいは〝紹介の方法論〟なのである。

そうは言っても、とりあえず〝伝記の類〟を集めてみなくては……。

1996年から1998年にかけて、朝日新聞に経済学者のサムエルソン、評論家のジョン・ケージなどを紹介した「二〇世紀の古典」という連載があった。少なくとも、あれに取り上げられたレベル以上の人物を選ばなくてはなるまい。

まず『世界伝記大事典 世界編』（全13巻、ほるぷ出版、1980～1981年）をパラパラと繰って、人物の当たりをつけることにした。

この事典を選んだのは、①各項目「人物」のはじめに、フルネームとその原綴り、生没年を含め150字程度のリード文があって、どういう業績を残したかが簡単にわかる、②末尾に「参考文献」が付記してあって、代表的な関係文献がわかる、という理由からである。

ただし、『世界伝記大事典』の発行が1980年代初頭なので、「参考書」に挙がっている本も絶版になっているものが多いのが難点である。

同事典でマックス・ウェーバー、ケインズ、シュンペーター、プラトン、マルクスといった人々をマークした。

日本人も入れておきたい。誰がいいだろうと考え、民俗学者・柳田國男にした。

第二段階は、『日本書籍総目録』の「書名編」を、これもザッと見てみる。今、どんな本が人手できるかを見るためだ。〝人〟についての本のタイトルは、人物名で始まるものが多い。一覧性があるのは書籍の目録だ。

「マックス・ウェーバー」で始まる書名を見てみると、約30の本が並んでいる。その中で〝業績〟を書いてありそうなのは、R・ベンディクス著『マックス・ウェーバー 上・下』、住谷一彦等著『マックス・ヴェーバー』、P・H・テンブルック著『マックス・ヴェーバーの業績』などだ。『世界伝記大事典』の「参考書」に挙がっていた徳永恂編『マックス・ウェーバー』もあった。

各人物について同様の作業を繰り返したが、人物によって書籍の点数には大分開きがあった。例えば、「シュンペーター」で始まる書名のものは6点しかなかった。しかし、マックス・ウェーバーに関するものが『マックス・ウェーバー青年時代の手紙』『マックス・ウェーバーと同時代人たち』『マックス・ウェーバーと日本』など、バラエティに富んでいるのに対し、シュンペーター関連のものは、6点全部が〝業績紹介〟といった感じのものであった。

レファレンスブック上のサーベイが一通り終わったところで、某部のH課長に相談する。彼は学生時代に主要な本は読破し、社会人になってからも年間200冊以上の読書量を保持しており、知識の宝庫のような人だ。

私が選んだ前記の人名を示し、「こんなもので良いかどうか」を尋ねると、「マ、いいんじゃないの？」とのことであった。

以上の〝下ごしらえ〟を済ませた上で、今度は夕方、豊富な蔵書がある自宅近くの杉並区立中央図書館に行く。

本の内容や論調、書き方のスタイルといったものの比較は、書誌データだけではできない。どうしても本の現物を見て判断することが必要だ。

まず「経済」の書架に行ってブラウジングし、伝記らしきものを手にとって見る。奥付のページなどにある著者紹介↓序文↓目次↓訳者あとがきといった順序で見て、何冊か抜き出す。

次に、館内の端末機で関係図書を探す。本件では、新しい本だけ見れば良いわけではない。昔出版された本の中に、優れた、あるいはユニークなものがあるかもしれない。古い本は保存書庫にあるから、請求して出してもらわなくてはならないのだ。

そうやって選んだ結果、A部長には以下のような本を提供・紹介した。

・マリアンネ・ウェーバー著、大久保和郎訳『マックス・ウェーバー』みすず書房、1963年

これを選んだのは、著者がマックス・ウェーバーの妻であったからである。他の人物のことを書いた本には、肉親が書いたものはなかった。

〝書き手〟に注目したことに加えて、「訳者あとがき」に「マックス・ウェーバーの伝記としては、妻マリアンネの手になる本書が唯一のものであり、おそらく今後もこれに比肩し得る伝記はなかなかあらわれまい。……ウェーバー研究者でこれを頼らなかったものはまずあるまい」とあって、同書が優れた伝記であることも分かったからである。

「人名」「事項」と2種の詳細な索引や「年表」があることも評価できる。

ケインズについては、3冊を選んだ。

・R・F・ハロッド著、塩野谷九十九訳『ケインズ伝　上巻・下巻』東洋経済新報社、1967年
・福岡正夫著『ケインズ』東洋経済新報社、1997年
・伊藤邦武著『ケインズの哲学』岩波書店、1999年

他の人物より多くの本を抽出する結果になったのは、私が第一に取り上げたい人物だったという個人的好みに加え、『ケインズ』の「まえがき」に「ケインズは、単に20世紀最大の経済学者であるばかりでなく、官吏、大学の教師、対外経済折衝の担当者、哲学者、伝記作家、雑誌編集者、会計官、投機家、ビジネスマン、芸術のパトロン、古書・絵画の蒐集家等々、きわめて多彩で豊饒な

生涯を送った人物である」とあって、活動領域が広範で、ドラッカーと共通点が大きいと思ったからである。

『ケインズ伝』の「あとがき」によれば、１９５１年に出版された原書『The life of John Maynard Keynes』は、ケインズの伝記中、最も権威あるものである。これを書いたイギリスの経済学者・ハロッドは、ケインズの高弟の一人で、22歳の時初めてケインズの謦咳《けいがい》に接して以来、その影響を強く受け、一般理論の完成に協力した。ケインズ理論の解説および普及でも有名で、ケインズを中心とする知的エリートの集まり「ブルームズベリー・グループ」の一員でもあった。つまり、実際でも、思想的にも、ケインズに最も近い距離にいた学者だった。

これに対して、『ケインズ』の著者・福岡正夫は「伝記というのは、著者が主人公にシンパシーを寄せるほど、距離を置いて他者化することが難しくなる。私はつとめて事実を直視し、叙述が自分の好みの色に染め上げられないように気を配ったつもりである」（カバーにある「著者の言葉」）と、距離を置いた態度で臨み、〝経済学者としてのケインズ〟に焦点を合わせている。

『ケインズの哲学』はケインズの哲学理論の考察を試みたものである。特に、ケインズの「確立論」を考察の中心に置き、そこから彼の代表作である「一般理論」の意味を考えようとしたもので、幅広いケインズの業績のうち、特定分野に絞った業績紹介となっているのがこの本の特色といえよう。

シュンペーターに関しては、次の2冊を選んだ。
•塩野谷祐一著『シュンペーター的思考――総合的社会科学の構想』東洋経済新報社、1995年
•濱崎正規著『シュンペーター体系の研究』ミネルヴァ書房、1996年
前者は「序論」によると「シュンペーターの社会科学に関する業績を方法論の観点から研究しようとするもの」で、まさに「方法論」がこの本の中にある。
後者の著者は、花園大学文学部教授で経済学博士。「〝一途な人間〟としてシュムペーター研究に取り組んできた」、しかも「シュムペーターから人間学を取り出そうと精いっぱいの努力をしてきた」という。この濱崎教授の〝思い〟は、ドラッカーに心酔しているA部長の心情に近いと感じた。似たような気持ち・立場の人が書けばどうなるか――その点で、この本は参考になるのではなかろうか。

プラトンに関しては、田中美知太郎著『プラトン』（岩波書店、1979〜1984年）を選んだ。

著者はギリシヤ哲学を専攻した哲学者である。

「Ⅰ　生涯と著作」「Ⅱ　哲学（1）」「Ⅲ　哲学（2）」「Ⅳ　政治理論」と全4冊で構成されるこの『プラトン』は①専門家が書いたきわめて専門的な内容である、②長大な紹介書である、③執筆に長い年月をかけている、④多数の人々の協力によってできた、⑤多くの人々に読まれている（「Ⅰ」

の奥付を見ると、1979年12月に第1刷発行後、刷が重ねられている）という点が、他のものとの際立った違いである。

マルクスに関する本は多いが、デイヴィッド・マクレラン著、西牟田久雄訳『マルクス主義以前のマルクス』（勁草書房、1972年）を選んだ。著者のマクレランは、イギリスのマルクス研究家である。

この本では「幼・少年時代」「ジャーナリストとしてのマルクス」「マルクスとヘーゲル国法論の批判」「マルクスと『独仏年誌』」「『パリ手稿』（経・哲草稿）」というように、マルクスの初期の著作を歴史的な文脈において示している。マルクスの思想的発展段階が、歴史的・家庭的背景と共に個々の作品を追って実証的に追求されており、著書に重点を置いた「文献解題」的な内容が特色である。

柳田國男については、藤井隆至著『柳田国男経世済民の学――経済・倫理・教育』（名古屋大学出版会、1995年）を選んだ。まずは、タイトルにひかれたからである。同書では、柳田國男の〝動機〟や〝目的〟を「経世済民」（世を治め、民の苦しみを救うこと）に求めている。誰がどのような政治を行うべきか、その方策を追求したのが柳田の学問であったという。

また、同書の「はしがき」で、著者の藤井は「柳田国男にとって、民俗は研究対象でなく、研究資料であった。彼にとっての研究対象は人間そのものにほかならない。人間の〝生き方〟を研究する学問、〝人間研究〟としての〝郷土研究〟である」と述べている。これは、ドラッカーのマネジメントに対する態度・見方に相通じるものがあるように思う。

「偉人の業績を語った本」の比較――本件には「これぞ正解」というものはない。人物の選び方が片寄っていたかもしれないし、本ももっと良いものがあるかもしれない。しかし、物語の語り部や語り口にバラエティがあれば良いのである。

作業に際して、はじめにはっきりした区別があったわけではない。実際にある本を見て、物理的あるいは心情的な被伝者との距離や関係といった「著者による区別」、網羅的か、限定的かといった「叙述の範囲」など、後で区別したのである。

このような仕事（〝偉人〟にはどんな人がいて、その中の誰を選ぶのか、〝優れた本〟はどれか、〝違いはどんな点か〟といったこと）は、人間が判断し、現物に当たって比較しなくてはならない。

書架でのブラウジングを伴う本件のようなレファレンスワークはとても楽しい。

図書館には〝選定〟という過程を経た良質な蔵書が豊富にあるからこそ、効果的・効率的なブラウジングができるのである。

13　出向ライブラリアン制度

　専門図書館協議会調査統計委員長を務めた時、委員会の後で雑談していたら、横河電機のAさんが何気なく「どこか外で修業してみたい」と言った。すかさず「じゃあ、経団連に来ませんか」と誘ったのが出向ライブラリアン制度の発端だった。

　経団連ライブラリーでは、２００１年度から3年間連続して、経団連会員企業の資料・情報部門から「出向ライブラリアン」を受け入れた。初年度は横河電機R&Dセンター室、2年目はアサヒビールR&D本部技術情報室、3年目は清水建設情報管理センターからで、期間は約1年、出向者は勤続10年以上の中堅ライブラリアンで、全員女性であった。

　受入側はビジネス系の団体事務局内ライブラリー、派遣元はいずれも技術系の企業内ライブラリーである。

　経団連事務局では、政策マターを担当する部門に、企画調査業務のスタッフとして、会員企業から出向者を常時迎えている。それら通常の出向は、人選を派遣側（会員企業）で行い、配属は受入側（経団連）が決める。受入人数も部門ごとと総枠が決められている。

私は、ライブラリーへも出向者を受け入れたいと前々から考えていた。企業のライブラリーで働く方から大いに刺激を受け、啓発されるであろうし、出向者にとっては、さまざまな分野と接触面を持つ総合経済団体で勤務することにより、広い視野を持て、人脈も広がるのではないかと考えたからである。

他部門への出向者は、それまでの社内での仕事とは違う分野・業務を担当するのだが、私が想定したライブラリーへの出向は「資料・情報部門から」、しかも「ベテランを派遣してほしい」というものだった。企業内ライブラリーの多くは少人数あるいは一人で運営しているので、無理難題というべき要件だ。しかし私は何事も「思ったことは必ず実行する」「切実に願っていれば、チャンスは到来する」を信条としている。Aさんのつぶやきは偶然訪れたチャンスだったから、私はその前髪をしっかりつかまえた。

しかし、横河電機のライブラリーも人数が少ない。その上、要となっている人が外に出ると会社の業務に支障をきたす。Aさんから内々に直属上司におうかがいをたてたところ、理解を示してはくださったが「週の半分なら」が条件だった。

経団連が受け入れる出向者は「毎日、フルタイムで」だ。「やっぱり無理か」といったんはあきらめかけたが、たまたま昼の食堂で役員と一緒のテーブルになり、相談したところ「研修生ということにすれば、非常勤でもいいじゃないか」と言われて一挙に道が拓け、名目は「研修」、実態は

「出向」という形で出向ライブラリアンが実現した。

経団連ライブラリーでは、かつて、大学の図書館学科・司書課程で実習が必修だった頃には、学生を約二週間、実習生として受け入れていた。そのほか、国立国会図書館や企業・団体から現役のライブラリアンの研修を要請され、数日あるいはイレギュラーで受け入れたことも珍しくなかった。しかし、それら従来の実習・研修と、出向ライブラリアンの大きな違いは、長期にわたることと、経団連ライブラリーの一員として通常業務を担当していただいたことである。

一人目のAさんの仕事ぶりが非常に素晴らしかったので、できれば次の人をと考えた。しかし、企業内ライブラリーが縮小・閉鎖される状況にあって、これも難しいことに思えた。ところが、また新たな偶然が訪れた。

札幌で開催された専門図書館協議会（専図協《せんときょう》）全国研究集会で、1年前に同協議会へ入会したアサヒビールのBさんとその上司に出会い、名刺交換したのである。さらに、翌年1月、専図協関東地区協議会の賀詞交換会でBさんに再会した。

二度しかお会いしておらず、その二度とも簡単な挨拶を交わしただけだが、ビビッとくるものがあった。また、アサヒビールは経団連活動に非常に協力的な会社ということも知っていたので、その場で「経団連に出向しませんか」と声をかけた。

Bさんは「エッ、そんなことができるんですか！」とびっくりされたものの「ライブラリー部門は外を見る機会が非常に少ないので、新しい試みとしてチャレンジしたい」と意欲を見せられた。ただ、アサヒビールでも、重要なスタッフが出向中のマンパワー不足をどのように補填するかが問題であった。社内での検討、経団連との折衝を経て、出勤日週五日のうち二日を経団連で、三日を会社で勤務するということで決着した。

３年目、清水建設の場合は、専図協等でのお付き合いで親しかった同社の管理職に「御社からどなたか優秀な方を出向させてくださいませんか」とお願いした。結果、「毎日、フルタイムで」Cさん派遣が決まった。

こうして、３年続けて受け入れることができた。

「常勤」ではないために「研修」という名目になったが、これが結果的に幸いして、経団連事務局全体の受入枠とは別扱いとなり、出向期間も勤務形態も派遣側の事情に合わせ、会社と経団連との兼務ということで合意にこぎつけることができた。

現場からの発案で、その上、名指しで派遣を依頼する。しかも〝欲しい人〟は、その企業のライブラリーで中心になって働いている力量のある人である――こんな大胆な申し入れは、経団連事務局としても初めてであった。企業側ではびっくりされたのも当然である。

出向受入に際しては、まず本人の意思・希望を再確認し、直属上司の了承を得、双方の人事部門や役員に交渉し、機関同士の合意が得られたら、勤務条件等を詰めて「覚書」を取り交わすという手順を踏んだのはもちろんである。

出向ライブラリアンの担当業務と仕事ぶりを振り返ってみよう。

①通常業務

収集・受入、レファレンス等、通常業務全般を〝経団連のスタッフとして〟担当していただいた。会社と団体、技術系とビジネス系では、土地勘・感覚・方法が大きく異なっているにもかかわらず、すぐに適応し、対応も的確だった。しかも、仕事がきれいで速い。

②蔵書管理システムのリプレイス

コンピュータがらみは、さすが技術系！　当時、経団連ライブラリー最大の懸案事項であった図書管理システムのリプレイスに多大の貢献をした。

横河電機のAさんからは、旧システム（文書管理システムの応用）の問題点の洗い出し、新システムの要件や費用見積もり、業者とのやり取りなどで、具体的なアドバイスを受け、「情報館」を候補に決めた。

すでに「情報館」を導入していたアサヒビールのBさんからは、旧システムからのデータの移行・変換について詳細なアドバイスを受けた。

③イントラネットメニューの充実

システムに詳しい専門家として、イントラネットによる情報発信にも力を貸していただいた。

この時作成した「レファレンスガイド」は、利用価値や頻度の高い情報源の探し方について、所蔵資料とインターネットのリンク先を、テーマごとに分けて解説を付し、一覧表にしたもので、使いやすいレファレンスツールに仕上がった。

④データベースの構築

経団連では、財界人など「人」に関するリクエストも多い。

私は日本経済新聞連載の『私の履歴書』を連載開始時からリスト化していたが、中断したままになっていた。そこで、イメージを伝えてデータベース化を依頼したところ、わずか2日間で、第一回から640人余りについて、データベースが仕上がった。人名、企業名、職業、掲載時期など、Excelによる多様な検索手段に加え、連載終了後書籍化されたものもすぐにわかるというものである。

⑤定例打合せにおける研究発表

定例打合せにおいて、スタッフに「皆にも共有してほしいノウハウを発表する〝スタディレポート〟」を課していた。出向ライブラリアンの発表は、情報源を網羅的に調査し、特徴を分析して比較対照表にするなど、充実した内容で、これに刺激を受けて、その後のスタッフの発表は格段にレベルアップした。

⑥業務マニュアルの作成

図書管理システムの変更に当たり、皆で分担してマニュアルを作成したが、出向ライブラリアン担当の年鑑類データ入力についてのマニュアルは、定義、目的、背景、方針、旧システムとのデータ構造の相違点など、図解入りで30ページにもわたるもので、しかも、短時間で仕上げられた。

⑦相互協力、ライブラリーネットワーク活動

経団連ライブラリーで伝統的に力を入れているライブラリーのネットワーク活動では、普段の相互貸借等はもちろん、12のビジネス系ライブラリーが加盟している「経済情報ネットワーク」の会合で「ライブラリーの情報化について」研究発表をしていただいた。資料のまとめ方、プレゼンテーションの方法など、科学技術系の先進的な事例は同ネットワークのメンバー機関に刺激を与えた。

⑧経団連ライブラリーへの提言

出向終了時には、感想と提言を書いてもらい、ライブラリー内はもちろん、所属本部や総務部門、全役員にも回覧した。これはライブラリーや本出向制度のＰＲになるだけでなく、会員企業からの要望ということで、課題実現の際に強力なサポートにもなった。

出向ライブラリアン制度の効果を挙げてみよう。

①教育効果

私が出向ライブラリアンの実現を望み、直接期待したのは「教育効果」であった。長年、同類の者同士で仕事をしていると、慣れが生じ、職場の緊張感も薄れがちだ。自館のＯＪＴや短時間の外部研修だけでは〝やり方〟は修得できても、最も大切な意識改革は期待しにくい。外からの強烈な刺激が必要だと思ったのである。そして、目的は十分に達せられた。

「今度、会員企業から研修生を受け入れます」と言った時、「長期間教えるなんて大変です」と抵抗を見せたスタッフたちが、一日で「教わるのは自分たちだ」と気づいた。そして最後には「人材育成とは、自分が自分を育てることである。育つ気持ちがなければ、どんな立派なプログラムが用意されたとしても身につかないだろう」「技術は習うことはできても、応用する能力は、現場に身を置いて上司や先輩の間近で働いて真似び、経験を通して自分の体で覚えるしかない」「さまざまな情報を視野に入れ、状況に応じた適切な対応をすることによって、組織内での存在価値も高まる」「いかに人を知っているかも大事だ。人と人を結びつけることも、ライブラリアンの仕事だ」という思いを強く抱くほど意識も変わった。ライブラリアンとしても職業人としても、大いに刺激を受けたのである。

②図書館の情報化推進

図書管理システムのリプレイス、イントラネットの充実、古い蔵書のデータ入力・整備等がスムーズにいったのは、ひとえに出向ライブラリアンのおかげである。これは、ともに日常業務を行うことによって、同じ目線でシステム化を見、考えることができたからである。

③技術系とビジネス系の違いを把握・理解

同じ「専門図書館」といっても、技術系とビジネス系は違うということは、昔から何となく知っていた。しかし、技術系、特にアサヒビールの方と一緒に仕事をしてみて、研究そのものや研究者、情報や文献の特性、図書館やライブラリアンへの影響や課題などを、お互い、具体的に把握・認識・理解でき、意外な発見・気付きとなった（詳細はⅠ部2「専門図書館とは」参照）。

専門図書館界において、総合経済団体事務局と企業という異なる組織、ビジネス系と技術系という異分野の人事交流は、初の試み・意表をついたケースであった。しかも、ライブラリーがイニシアティブをとり、独自性を発揮できたのである。

出向ライブラリアン制度成功の要因を見てみよう。

受入側（経団連ライブラリー）としては、①スタッフのスキルアップ向上を常に意識し、努めてきたこと、②日頃から本部長や役員などへの報告・意思疎通に努めていること、③自らの業務をキチンとこなし、意見・要望がとおりやすい素地ができていたこと、④経団連事務局に会員企業から出向者を受け入れる制度が確立されていたこと、⑤外部との交流が盛んで、人脈も豊富なこと、などが挙げられる。

一方、派遣元では①なにより出向者本人が〝外に出る〟ことについて強い思いと意欲を持ち、上司を説得したこと、②出向期間中は二つの職場での業務を立派に両立させ、会社や職場への報告・連絡も怠りなかったこと、③職場に復帰後は、出向の成果を会社の業務にも反映させたこと（例えば、蔵書構成の見直し）、④経団連会員企業として、ライブラリーという意外な部門との交流・接点が生まれたこと、などがある。

出向者本人からも「異なる組織で、一スタッフとして業務に参画できたことは、社内での業務を見直す絶好の機会であった」「一日一日新しい発見があった」「今後もこのような人的交流を専門図書館で活発に行うことができれば、新しい人材育成の手法になるとともに、研究領域の枠を超えた、新しい試みの基礎となるのではないか」との感想をいただいた。

「経団連はそういうことができていいですね」「経団連だから、できるんですね」という声がある。たしかに、会員企業・団体の中に素晴らしいライブラリーを持つ所が少なくないという〝地の利〟はある。しかし、こういった人事交流は、グループ企業、関連企業間でも可能ではないだろうか。

専門図書館の人材育成は非常に難しい面があるのは事実だ。しかし、各専門図書館で「自分の所では何ができるか」をとことん考えてみれば、独自の方法を生み出せるはずである。

14　予算折衝

年度も終わろうとする某年3月の下旬、総務本部会計グループのA氏が、ライブラリー（図書資料収集活動事業）の収支計算書を待ってやってきた。次年度の第一次予算折衝である。計算書は、勘定科目ごとに、年間予算、当月分、本年度累計、前年累計、前年比、予算比と分けて明記してある。これを見ながら、打ち合わせる。

私からは①編集を担当している経団連ウェブサイトのリニューアル、②蔵書のデータ入力など、アウトソーシング（アルバイトを含む）、③ライブラリーのシステム改訂、④外部との会合、⑤海外出張旅費、などの費用増額を希望した。

合意に至るまで二人の話し合いは15分。これでほぼ決まった（もっとも、最終的な確定は、役員決済など、組織全体の合意が必要である）。

私は、ライブラリーの管理職になって以来、ライブラリーの予算は一円も減らさなかった。その他の費用も、必要なお金を取りそびれたことはない。

そう言うと、大抵の人に「経団連はお金持ちだから……」と言われる。しかし、そんなことはない。経団連は会員の企業・団体からいただく会費で運営されているから、入ってくるお金（財政規模）は毎年ほとんど変わらない。特に、経済の低迷が続いている時は、会費の伸びは期待できない。

企業内ライブラリーなど組織の資料・情報部門からは、「予算が取れない、増やせない」という嘆きが常に聞かれる。しかし、そのような人・機関を見ると、予算増額に結びつかないやり方をやっているように思えてならない。

実は、その昔、経団連のライブラリーも似たような状況であった。上司に「これこれのものが欲しい」と言うと、「どうせ総務は認めてくれないよ」と要求さえしてもらえなかった。他部門が備品を除籍する度に庶務から「これ、要らない？」と、声がかかり、そういった〝お古〟を譲り受けては、きれいに磨き上げ、再利用した。

しかし「必要なものは要求すべきだ。要求しなければ獲得できない。また、予算を増やしてもらうには、お金を使うことだ」。――そのことに気がついたのは、管理職になってからであった。

「各部に、ファクシミリの専用機やワープロを増設する」と言いながら、図書館部（当時は「部」だった）だけはなぜか外された。それが納得できず、管理職1年目の私は総務部長に理由をただし、増設を要求した。すると、すんなり受け入れてもらえたのである。「言っても、どうせ総務がＯＫ

してくれないよ」と永年言われ続けていた私の方が、拍子抜けした。
それからは、スタッフに「必要なものがあれば言いなさい。獲得してくるから」と宣言し、備品・什器などを充実していった。

ライブラリーのマネージャーの仕事は、目標・計画を定め、具体的に何をしなくてはならないか、仕事の役割を決定し、それを効果的に達成するための方法を考え、実現することである。そのためには、経営資源（ヒト、モノ、カネ）を獲得しなくてはならない（モノはカネがあれば購入できるから、「スペース」と言い換えてもいいかもしれない）。

中でも、予算の獲得・確保は、スタッフの志気にも影響する。とはいえ、やみくもに、声高に要求すれば良いわけでもない。「コミュニケーション」（組織への積極的な働きかけと、判断材料としての情報提供）と「組織の意思決定ルートの遵守」が大事である。

情報部門は、自らのPRをやらない。あるいは、やっていると思っていても十分でなかったり、ターゲットを間違えていたりする（詳細はⅢ部2「専門図書館のPR」参照）。

組織（具体的には、上司・管理部門・役員）に、経営資源配分の判断材料となるよう、日ごろからコミュニケーションに努め、ライブラリーの仕事を理解させなくてはならない。

予算獲得のために私が心がけていたのは、以下のようなことである。

①事業計画を立て、それに沿った予算を組む

事業計画は「何を、どのようにやろうとしているか」、具体的な意思表明である。計画については、上司である本部長や総務部門の決済も受けているから、それに沿った予算を組むのに障害はない。

例えば、当時ライブラリーが担当していた経団連ウェブサイトのリニューアルは、経団連の広報委員会からの下命事項だったから、広報やシステム担当の部門とも相談して、当然やらなくてはならない。

「海外出張」についてもしかりだ。２０００年度には、専門図書館協議会で米国専門図書館協会（ＳＬＡ）国際専門図書館大会〝GLOBAL ２０００〟への参加が計画されていた。また、別の時期に、米国の東アジア図書館委員会（ＣＥＡＬ）のミーティングもある。同ミーティングでは「日本の社史」についてのセッションが計画されており、それへの参加要請もすでにきていた。海外出張は国内出張に比べ、費用が大きいから、予算措置をしておかねばならない。

②一つひとつの事業や費目について、ていねいに、分かりやすく説明する

「ライブラリーがなぜ会合費を増やさなくてはならないか」、それ以前に「ライブラリーに外部との会合が必要なのか」、部外者にはイメージしにくい。

しかし、ネットワークや相互協力なしには必要十分なサービスができない専門図書館にとって、外部機関との交流・交渉・打ち合わせは必須である。

蔵書のデータ入力作業についてもきちんとした説明が必要だ。データ未入力の古い蔵書が、二万冊近くあったが、当時のスタッフはそれらの本の具体的な内容をほとんど把握していなかった。死蔵しないためには、なるべく早く、誰もが検索できるよう、データを入力・整備しておく必要がある。しかし、少ない人数ではルーティンワークをこなすので精一杯だから、データの入力作業は、アルバイトに依存せざるを得ない。

このように、目的やマンパワーの状況をきちんと説明すれば、相手も納得する。

③大きく掴み、具体的にイメージする

資料の受入・整理やサービス体制について、方向性を考えつつ、個々の作業の具体的な場面を想定しながら、どんな方法がベストか、また、どれくらいの期間・費用があれば完遂できるのか、把握しなくてはならない。

④数字を掴みで理解する

数字をとらえ、判断する感覚は重要である。自社の予算規模はどれくらいか、経年的に増減があるとすれば、その要因は何か。そういったことを、組織全体の目線で把握した上で、ライブラリーとして無理なく獲得できる額、かなり努力しなくては取れない額はそれぞれどれくらいなのか、頭でも実感としても、分かっていることが必要だ。そうすれば、例えば「思い切って予算を増やす」という場合の「思い切って」が10万円なのか100万円なのかわかるし、大きな数字に驚いたり、ビビったりもしない。

秩序をもって要求するには、ライブラリーの予算の実額だけでなく、組織の予算の中でどれくらいのパーセンテージを占めるのか、掴みで知っておく必要がある。一般的な物価水準や本・雑誌の値段、アルバイトの時給、アウトソーシングの単価などの値ごろ感も大切だ。

⑤図書館の経済効果についての説明

組織は「ライブラリーはカネを使うだけだ」と思っているフシがあるが、ライブラリーがあるからこそ、〝現物で稼げる〟側面もある。

例えば、個々の社員には「ノー！」でも、ライブラリーには、他社・他機関も快く資料を貸してくれるし、発行所は寄贈や割引販売をしてくれる。そのような〝図書館の経済効果〟についてのPRも怠りないようにしていた。

⑥お金は使わなければ増えない

「予算が削られる」「予算を増やしてもらえない」と嘆いている人を見ると、できる限り節約しよう、節約しようと懸命である。予算が１０００万円あっても９５０万円しか使わなければ、翌年はその９５０万円が「総予算」になる。さらに翌年は９００万円……と、縮小再生産の構図になるのは必至だ。

予算を増やすためには、お金を使うことだ。

ある企業で、部門ごとに費用削減計画を出すように言ったところ、広報部長が真っ先に「これだけ減らします」と申し出たという。

それで、その部長は評価されたか？――答えは「ノー」である。評価されるどころか、「わが社の広報を手抜きするつもりか！」と一喝されたという。

必要な仕事・費目には、組織はお金をつけるのである。「カネを稼ぐ」のも仕事だが「カネを上手に使う」のもまた、大切な仕事である。

15　ライブラリー業務のテリトリーを超えて

経団連ライブラリーは、伝統的に、いわゆる〝図書館の仕事〟からはみ出した業務が多い。私のもとにはさまざまな人が訪ねてきた。図書館関係者、会員企業・団体の人、ジャーナリスト、業者……と実に多彩で、そのほとんどは、コンサルティング的なものを求めるものであった。

まずは「組織内ライブラリー・資料部門の設立・運営等に関する相談」である。

企業ばかりでなく、政府の外郭団体などによるライブラリーの新設計画は少なくない。しかし、その設立準備の担当者は、ライブラリーとは無縁だった職員が多い。日本図書館協会や国立国会図書館に相談の電話をしても、経団連を紹介されるのだという。

「運営面」では、図書館の機械化と、レファレンスサービスに関するものが多かった。

変わったケースとしては、ある企業の考査部の方が「うちの資料室の評判が悪いのだが、企業内ライブラリー考査の視点はどうあるべきか」と訪ねてみえた。

また、例えば「図書館業務を外注したいが、業者はどこが良いか」「製本機はどれが良いか」など、業者の評価・評判や、機器類購入に関する相談もある。

専門図書館その他（図書館とは関係ない編集者その他）の求人・求職の斡旋や図書館関係委員会・調査会の委員の推薦要請など、人の仲介・紹介も数限りない。海外の研究機関から、新設する日本関係ライブラリーの館長候補者推薦の依頼があったこともある。

新設とは逆に、専門図書館の閉鎖・縮小・移転に伴う蔵書の移管先探しや仲介の相談・依頼も少なくなかった。

某年某月、会員企業のS社から「社史の複本が500冊ある。有効活用策はないか」と相談された。近年、社史は「日本研究の key source」と海外で高く評価され、関心を持たれている。「海外の大学図書館に寄贈しては？」と勧め、私からアメリカ、イギリス、ドイツの大学にEメールを送って希望を募った。

すぐに多くの応募があったが、その中で、ドイツのM大学を寄贈先に推薦した。日本研究所長のP教授が社史その他の資料収集のため、毎年来日していることを知っていたからだ。

寄贈先については合意したが、M大学は財政難で、大企業のS社も、もともと処分するつもりだった500冊なので、送料が捻出できないという。今度は、ある船会社に「船の片隅でよいので、ドイツまで運んでもらえませんか」と交渉した。こうしてフランクフルトまでの無料運搬が実現して、M大学では一挙に日本の社史が増えた。

P教授に関連して別の一件もある。

P教授は、来日する度に経団連にも訪ねていらしたが、てっきり出張での来日と思っていた。しかし、話をきくと「大学から出張費が出ないので、私費で来ています」とのこと。同教授の仕事熱心に感じ入っていたので、某私立大学で国際交流を担当しているI課長に「いくらか助成してもらえないか」と相談した。その私大とM大学は姉妹校でも提携校でもなかったが、翌年、P教授の1ヵ月分の滞在費80万円を出してくださっただけでなく、国際交流担当の教授は「ウチとしてもドイツの大学とつながりができて嬉しい」と喜んでくださった。

業者の来訪も多い。本や備品の売り込みではない。「商売をするに当たっての相談」に来るのだ。「灰色文献のデータベース化」を考えていた業者は「どうしたら、うまく構築し、利用してもらえるか」、ヒアリングに来た。

「企業の資料室業務の将来像について」調査を受託したコンサルタント会社は「報告書を書く参考にしたい」と、経団連ライブラリーのサービスの実態や、ローカルネットワークである大手町資料室連絡会の運営等について、遠くの県からわざわざ話を聞きにきた。

資料保管会社の営業マンが「資料の保管を外注化する可能性のある機関をどうやって探すのが効果的か。できればめぼしい所を紹介してほしい」とやってきたこともあれば、洋書の代理店が海外資料に対するニーズや洋書・洋雑誌の値付けに関して感想を求めに来たこともある。図書館用品業者からは備品に関して意見を聞かれる。

こうなると、経営コンサルティングそのもので、それ相応の相談料を請求したくなる。

会員企業等から多かったのは、社史編纂に関する相談である。

わが国では社史の刊行が活発だが、編纂を命じられた担当者のほとんどは、社史に関しても本の編集という点でも経験がない。大きな責任感と同時に、戸惑いや不安を感じながら、まずは当ライブラリーに相談に訪れる。そこで、具体的な説明・アドバイスに加え、関係機関・専門家を紹介し、期待と声援を送る。英文社史、映像社史、海外の社史などについて、より詳細かつ専門的なレベルの情報を求められることもあったし、社史の配布先について相談されることも多かった。

「企業の社会貢献活動」に関する案件も少なくなかった。

あるシンクタンクからは「財団やフィランソロピー、および関連情報提供のあり方などについて、意見を聞かせて欲しい」と数時間にわたるヒアリング調査に来た。

また、ある地方銀行からは「わが行で新しく財団を作るのだが、すでに積極的に活動しているところを訪ねて財団運営の参考にしたいので、先進的な企業財団をいくつか紹介して欲しい」という依頼があった。そこで、母体企業の本業と関連あるテーマを取り上げている財団、逆に、本業とは関係ない分野のテーマで活動している財団……と、バリエーションをつけて5件を選び、仲介・紹介・案内を行った。

マスコミ人の訪問も多かった。新聞や雑誌の記者、テレビのディレクターの来訪は、社史や図書館に関する記事を書くための取材や番組制作への協力要請などだ。

民放テレビのディレクターは、企業博物館シリーズの企画・制作に当たって、番組で紹介する館の選択その他、逐一相談に訪れたし、ＮＨＫのディレクターはインタビュー番組に登場してもらう経済人候補を挙げて欲しいと言ってきた。

海外からの来訪もめずらしくない。「日本における灰色文献の状況」や「日本の経済・情報環境」について話を聞きたいとか、「日本の図書・資料を送って欲しい」という要請である。

イギリスの情報機関は、そこで制作しているデータベースの需要予想を尋ねにやってきた。

ライブラリー業務のテリトリーを超えていることばかりで、まさに「総合コンサルタント業」であった。しかも、すべて無料である。他の専門図書館、特に企業のライブラリーの方々からは「私たちには考えられない。どうしてそこまでやるのですか」と言われた。

これら来訪者の応対は、確かにライブラリーの担当外であろう。しかし、ニーズがきわめて高いにもかかわらず、経団連の中でも外部機関でも、すぐには受け皿がみつからない。だから、頼りにされたのであれば、できる限り協力したいと考えた。

応対にかなりの時間をとられ、内容的にも実務経験・専門知識を必要とするものであるが、私たちの大切な仕事として対応してきたのは、〝経団連の職員〟としての意識によるところが大きい。

専門図書館員は、ライブラリアンであると同時に、その会社・機関の職員である。そのことを、私に強く自覚させたのは、二つのことだった。

一つは経団連事務局入局初日に先輩に言われた一言である。

緊張のうちに1日目が終わった夕方、お茶に誘われた。当時、経団連がどんな機関かもよくわからず、その年に開館する経団連図書館に司書として採用されたとしか思っていなかった私だったが、「あなた〝図書館に入った〟と思うなよ。〝経団連に入った〟と思え」と言われ、それが妙に印象に残った。

もう一つは、私自身が経団連という組織を知るにつれて実感したことだ。

経団連ライブラリーの親機関である経済団体連合会（経団連）は、非常利の総合経済団体である。産業界はもとより、政界、官界、学界、マスコミ、労働組合、消費者団体、ボランティア団体、海外と、内外のさまざまな分野と接触面を持つ。このように多面的かつ広範な接触面を持つ機関は経団連をおいてほかにない。また、事務局の職員は、自分の職掌・職分を全うするだけでなく、関心分野やこれからの重要課題を見つけて、自らどんどん仕事を作る。さらに、企業からは「何か困ったことがあれば経団連にきいてみよう」、経済界以外からは「経済・産業・企業に関することなら経団連に問い合わせよう」という風潮がある。「他にやるところがなければ当方で引き受けよう」という考えが何となく経団連全体にあるのは「団体はサービス業である」「経団連は異分野のさまざまな人・機関が集い、お互いを結びつけるところ」という暗黙の共通認識によると思う。

ライブラリーといえども、いや、ライブラリーという利害関係がなく、オープンな部門だからこそ、さまざまな働きかけや活動ができる。だから、私は（特に管理職になって以降）、他の部門では対応しにくいことを引き受けるのが、ライブラリーの務めだと考えていたし、他部門からも当然のように、さまざまな「その他」が振られてきた。

先に記した企業財団紹介の件も、実は当初、総務課に舞い込んだ相談だった。当時、経団連事務局には「社会貢献部」もなく、財団の運営などに関心や知識のある職員もほとんどいなかったので、総務課長が〝便利屋〟の私に振ったのだ。ライブラリアンの仕事からははみ出していたが「東京から離れたN市に本社があるH銀行は、普段、会員としてサービスを受ける機会が少ないにちがいない。ほかに受け皿がなければ協力しよう」と思ったのである。そして何より、この時の財団紹介を契機として、私の中で企業財団やフィランスロピーの世界への関心が高まり、後に「フィランスロピー展」（Ⅲ部3「展示会で情報提供」参照）へもつながったのだ。

はみ出し業務をやるのは、必ずしも持ち出しばかりではない。一方的にサービスしているように見えるが、実は当方も恩恵を受けているのである。

団体はそもそも、人が集う〝サロン〟だが、その中でも、ライブラリーはほかのどの部門より開放的で、内外共に広い人脈を築くことができる職場・職種である。

人間は巨大な情報バンクであり、生きた情報は生きた人間が運んでくる。多くの人と接することによって、さまざまな情報が得られるだけでなく、新しい発想が生まれ、人脈が広がり、自分の仕事や人脈をとても豊かにしてくれる。

だから、情報機器や通信が発達しても――むしろ、そういう時代であればなおさら、人と会う有用性は高まる。このように考えれば、来訪者が多いことは迷惑どころか、非常にありがたいことである。

広い視野と積極性を持ち、サロン的機能が活性化すればするほど、仕事のやりがいが格段に増すだけでなく、親機関のイメージアップにもなり、ひいては、組織内ライブラリーの存在意義も高まるはずである。

Ⅲ部　専門図書館の人財

専門図書館のいろいろな仕事の中で、サービス、とりわけ「レファレンスサービス」が重要な業務で、「仕事のため、組織のため」の組織内ライブラリーは「レファレンスのためにある」と言っても過言ではない。どんなに理論がわかっていても、個々のリクエストに応えられなければ、役に立たないのである。しかも、同じリクエストが舞い込むことはほとんどない。

しかし、どうすれば、利用者に満足してもらえるサービスができるのか。それには、普段のこころがけが大切だ。Ⅲ部の1では、知識の向上やスキルアップにつながる具体的なことがら・行動パターンを示した。

2では、専門図書館のPR、特に経営資源獲得のためのPRについて、具体的に示し、3で展示会、そして4で、図書館のノウハウを活かしたツールづくりについて、いくつかの例を挙げた。

Ⅲ部の内容は、ビジネス系の経団連ライブラリーに勤めた、私自身の長年の経験知というべきものである。

1　優れた情報サービスのために

専門図書館のスタッフが備えるべき知識・技能・感覚と習得方法

専門図書館のスタッフは、体系的知識やスキル・感覚を駆使して、利用者のリクエストに速く、的確に応えなくてはならない。

備えるべき基礎的な知識・技能・感覚は左記のようなものだ。

①図書館情報学の知識
②情報源に精通
③自館を熟知
④主題知識
⑤ネットワーク、相互協力体制
⑥情報・資料の調達・利用の具体的手続き
⑦メディアリテラシーほか

各要件について、具体的に見てみよう。

①図書館情報学の知識とは、換言すれば「資料・情報を的確かつ効率的に探索・収集・整理・保存・提供するための理論や手法を理解している」ことで、書誌データの取り方、分類、排架法などは必要最低限の知識として備えておかなくてはならない。

習得方法は、本や研修で学ぶ、あるいは先輩からの指導が一般的である。

②辞書・事典、ディレクトリー、人名録、統計書、各種書誌や利用できるデータベースといった一般的なレファレンスツールに関する知識は最も基本的なものである。

「どんなものがあるか」だけでなく、内容や特徴を個別・具体的に理解していること。同じ種類のものでも、それぞれ異なっている。

また「何がわかるか」「何が収録されているか」と同時に「収録されていないこと」「この資料でわからないこと」も知っていなければならない。

こういったことを具体的に理解するには、凡例やマニュアルをよく読み、実際に使ってみることだ。

③収集方針、コレクションの構成や媒体、採用している分類法とその体系、資料の配架方法、蔵書管理システムや利用できる商用データベースなど、自館独自のやり方を熟知していること。

④「主題知識」とは「親機関が主なテリトリーとする分野についての〝専門的〟知識」である。

専門図書館のスタッフは、専門的な資料・情報と利用者の架け橋の役目を担うのだから、主題知識を持たなくてはならない。主題知識と図書館の手法を融合させることによって、高いレベル・広い範囲で職能を発揮でき、優れた情報サービスができるのである。

と言っても、専門書を読み、専門家（利用者）と同じレベルの知識が必要というわけではない。まずは、『日本の参考図書　第2版』（日本図書館協会、２００２年）や国立国会図書館のウェブサイトにある「調べ方案内」などで、自機関（親機関）が関わる特定分野の二次資料を見て、分野ごとのレファレンスブックを知る必要がある。

例えば、法律関係なら『法情報の調べ方入門』（ロー・ライブラリアン研究会編、日本図書館協会、２０１５年）や『リーガル・リサーチ』（いしかわまりこ等著、日本評論社、２００６年）、経済関係なら『経済分析のためのデータ解説』（日本経済新聞社、日本経済データ開発センター編、日本経済新聞社、１９８３年）、統計なら『統計・調査資料ガイド』（龍谷大学社会科学研究所、吉田栄子編、文眞堂、１９９９年）などがある。

さらに、専門図書館では、所蔵資料すべてをレファレンスに活用するという意識を持ちたい。日常、本の序文（その本の趣旨や成立の由来）・目次（構成）・あとがき（どのように作られたか）・奥付（著者、発行者、発行年月日、定価等のほか、どれくらい増刷・改訂されたかなど）、著者紹介（どんな人が書いたか）・カバーや推薦文（その本の特徴やウリなど）に注目する、書架をブラウジングし、返却本を書架に戻す時は両隣の本もついでに見てみるなど、現物に接することを習慣とする。

利用者は本や論文の中身（本文）を読むが、ライブラリアンは「外側」を見るのである。雑誌の場合は目次に目を通すと良い。

パソコン上でデータを見るのではなく、現物を実際に見ることによって、不思議と記憶に残るものだ。

お勧めは、利用者から学ぶことだ。その人が担当していることを聞けば、喜んで教えてくれる。しかも、一番ホットな生きた情報を豊富に、かつ、楽に得ることができる。

何も難しい質問をする必要はない。お昼の食堂で同じテーブルに着き、「今、どんなことに取り組んでいるんですか」とか「何が大変なの？」などと気軽に聞くといい。私はこの方法を最大限に活用した。

研究者や著者の論調等もチェックしておけばなお良い。「事柄・事実」を採録している人物データベースは質や傾向についてはわかりにくいが、例えば、新聞の書評などでは、取り上げた本の著者について、簡単だが紹介がある。

⑤自館の限られた情報資源だけでは利用者の要求に迅速・確実に応えるのは難しい。専門図書館では、相互協力やネットワークが不可欠だ。

『白書・日本の専門図書館１９８９』は、ライブラリーネットワークを次のように類型化している。[1]

・アソシエーション・ネットワーク＝図書館関係の団体、学会、研究会など
・ローカル・ネットワーク＝特定の地域内という距離的近接性に根ざした集まり

・スペシャル・インタレスト・ネットワーク＝専門分野、主題領域、収集対象などが共通する図書館グループ組織
・オープン・ネットワーク＝館種、規模、設置母体を問わず、情報資源や目録情報の共有、資料提供やレファレンス・サービスの協力などを相互に行おうとするもの
・インフォーマル・ネットワーク＝個人対個人のかかわりあいで存在しているつながり
・ユーティリティ・ネットワーク＝資料と情報を収集・組織・提供することに焦点をあてたもの

これらさまざまなネットワークをニーズと目的に応じて使い分けることが必要だ。

⑥データベースやＯＰＡＣ等を利用すれば、文献探索、所在調査はすぐにできる。それゆえ、一次資料を迅速・確実に調達・提供しなければ、利用者はかえって不満を募らせる。

相互貸借、外部機関利用に際しては、各機関の所蔵資料の範囲や特徴、サービス形態や利用手続きを『専門情報機関総覧』や各館のウェブサイトで具体的に理解しておくことだ。

見学会では、どんな資料をどんな風に持っているか、具体的に観察しておきたい。

⑦通信・情報技術の飛躍的発展、媒体の多様化に伴い、情報の器（資料）の整理・探索から、情報そのものが重視されるようになった。環境変化に対応するには、図書館技術の訓練だけではなく、さまざまな媒体を使いこなす技術、英語などの語学力なども一層必要になっている。

出版界・出版事情に関する知識や、豊富な人脈も必要だ。

Ⅲ-1表　優れた情報サービスのために

部門共通の心がけ	個々のスタッフの心がけ
①システマティックに探す	①定義を明確に、正確に
②早く、そして速く	②具体的にイメージし、考える
③複数のツールに当たる	③有機的にとらえ、考える
④的確に	④想像力、勘、感受性を研ぎ澄ます
⑤適量を以て	⑤書いてみる、人と話す
⑥典拠を明らかに	⑥意味づけ
⑦情報(一次資料)そのものの提供	⑦数字を掴みでとらえる訓練
⑧付加価値をつける	⑧豊かな人脈の構築と維持
⑨手段はライブラリアンが決める	⑨好奇心を持つ
⑩ユーザーオリエンテッドである	⑩人が好き
⑪十分な対応(サービス終了の確認)	⑪明るい、前向き、プラス思考
	⑫サービス精神

サービスの要諦(ポイントと心がけ)

優れた情報提供サービスを行うためには、関連の知識や技能を備えるだけでなく、仕事の成果に結びつくような振る舞いがなくてはならない。「部門共通」「個々のスタッフ」と大きく二つに分けて、心がけるべきことは、Ⅲ-1表のとおりである。

部門共通の心がけ

まずは、専門図書館のスタッフが共通して持つべきもの・ことについて。

①専門図書館では、専門的なことから一般的なこと、古いものから新しいものまで幅広いリクエストを受ける。何をリクエストされても即応するには、資料探索や情報流通の仕組みを熟知し、無駄を省いた「システマティックな情報

探索」ができなければならない。

②リクエストを受けたら「早く」（すぐに）とりかかり、「速く」（短時間で）処理することである。どんなに優れた内容でも、必要な時に間に合わなければゼロ回答に等しい。

③レファレンスツールは二つ以上のツールに当たる。同じ主題を扱っていても、編集方針や特色がそれぞれ異なっているからだ。例えば、辞書にもそれぞれ特色がある。また、漢和辞典は、小さいものには出ていない字も、大きな辞典には出ていることがしばしばある。

④データベースやインターネットを利用すれば、ゼロ回答にはほとんどならないが、「当たらずとも遠からず」では利用者は満足しない。質問の背景（目的や動機）、テーマの範囲（全体か、特定の側面か）、情報源の範囲やレベル（入門的か専門的か、網羅的か選択的か、形態・媒体、言語、対象期間、対象地域）など、「利用者が求めていること」に的確に応えなくてはならない。

⑤「量が多い＝優れたサービス」ではない。提供する文献は必要最小限に絞り込むことだ。

⑥資料・情報の信頼性を示すため、典拠を明らかにする（書誌データ等を添える）ことを忘れてはならない。

⑦文献リストだけでは利用者の最終ニーズは満たされない。間接的・二次的なものではなく、直接的な情報（文献であれば一次文献）の提供に努めることだ。

⑧レファレンスの回答にはプライオリティやコメントを付し、分析・加工するなど、付加価値を

つけ、利用者の期待以上の回答を心がけたい。

⑨利用者がキーワードを示してデータベース検索を依頼することがよくある。しかし、探索手段はデータベースとは限らないし、示されたキーワードが必ずしも適切ではなかったりするので、鵜呑みにせず、検索手段等はライブラリアンが決めることだ。

⑩利用者の満足度を高めるのは、その時・その人・その事に対する完璧な対応である。そのためには日ごろから利用者とのコミュニケーションに努め、時間の感覚やどんなことを重視するかなど、利用者を知る努力が必要だ。

⑪提供したもので十分であったかどうか確認し、不足分を補うなどして、初めて一つのレファレンスが終了する。長期的なプロジェクト・課題の場合は、継続的サービスを行うことも必要だ。

個々のスタッフの心がけ

次に、一人一人のスタッフが心がけ、努力することについて見てみよう。

①定義を明確にするということは、物事を正確に捉えることと言い換えてもよい。言葉の意味を厳密に把握し、語彙を豊富にし、言葉を使い分ける。そのためには辞書をよく引くことだ。

②具体的な小さいことの積み重ねが大きな変化・改善につながるのだから、何事も、抽象論・一般論ではなく、具体的にイメージし、考える習慣をつけること。

特に社会科学系の場合、問題・課題はいろいろな要素がからんでいる場合が多い。例えば「女性が働きやすい職場」とか「少子化対策」といった場合、どうすればその問題が解決に向かうのか、具体的に考えるクセをつける。

ライブラリーにおける「積極的なサービス」も「先端的な仕事」も、それがどんなことの集合体なのか、具体的にイメージして、はじめて実現できる。

③「大きなこと・全体」と「小さなこと・部分」を有機的に結びつけ、考えることも大切である。これは「システマティックに考える」とも言い換えられるが、有機的に考えることで意外と簡単にわかったり、反対の視点からの発想が生まれたりするものだ。

④ライブラリアンは勘が良くなければならない。特にレファレンスでは、リクエストの受け方や感受性が成否を決めることが少なくない。リクエストを受ける時は、相手を見て、ちょっとした表情や行動の中にも、利用者のニーズ・反応を嗅ぎ分けなくてはならない。

利用者は、本当に知りたいことではなく、欲しいものが載っていそうな資料名を推察して言ってくることがある。例えば「ドイツの銀行の調査月報を見たい」と言ってきたのに、パラパラと見てすぐに返した人がいた。「なぜ？」と思って訊くと「マルク切上げの記事を見て、円の切上げがあった時にどうすべきか考えたい」が真の目的だったということがあった。

⑤物事を的確に理解するには、また、考えをまとめる力をつけるには〝書く〟ことだ。書いてみると、何がわかっていて何がわからないか（あるいはあやふやか）が見えてくる。すると、問題点、対策など、思考の整理もできる。書いて初めて気がつくようなことも多い。

人と話すことも心がけたい。相手の話を受けて自分も話すことで、それまで思ってもいなかったこと・気づいていなかったことが無意識のうちに口をついて出、そこから、新たな発想が生まれることもある。

⑥どんな作業・どんな仕事でも、有効性を高めるには、〝HOW〟（方法）だけでなく〝WHY〟（意味づけ）を徹底的に理解することが重要だ。それでは「意味づけ」とはどんなことだろうか。「分類」を例に考えてみよう。

「分類」の定義は、辞典（『最新図書館用語大辞典』）を引くと「無作為、無秩序の状態の事物の集まりを、ある目的に基づく一定の基準をもって秩序立て組織化すること。具体的には個々の書物の性質に着目して、共通の性質（属性）を持つものを類別してグループ化し、それらを一つの順序だった体系的配列につくり上げること」[2]とある。

「類に分ける」と思われているが、実は「似たものを寄せること」なのである。そして、分類記号と図書記号を付した請求記号は「資料の配架場所を決めるためのもの」なのだ。

「目録」も同様に見てみると、定義は「実物・実体がほかにあって、その代わりに、実物の品目や主要な項目を記録したもの、あるいはそのリスト」とある。

同辞典はさらに「目録の機能は、それを見ることによって、あたかも実物を見るのと同じように、その実態を認識し、他と区別すること、すなわち識別できるものでなければならない」[3]と説く。

つまり、目録の意味づけは「他と区別する」「資料を特定する」ことなのである。

自分なりの意味づけができれば、工夫や改善も生まれ、技術もノウハウも前向きな思考も自然についてきて、豊かな楽しい気分で仕事ができる。

⑦さまざまな場面で数字と関わることが多い。モノの感覚を数字でとらえる場合、自分の中に或る参考になるものがあればわかりやすい。例えば「日本の人口は何人か」「食糧自給率はどれくらいか」「東京〜大阪間は何キロか」といったものだ。数字を掴みで捉える訓練をし、お金についても「日本の財政規模」「自社の売上高」など、個人の財布と違う規模の数字を知っていれば、新規設備や予算請求の場合、ビビらずに済む。

⑧何かを聞くことができる相手はたくさんストックしておいた方がよいのは当然だ。しかし、人脈は自然にできるものではない。上司や先輩から引き継げるものでもない。だから、努力して自分の人脈を作らなくてはならない。

人脈作りの第一歩は名刺交換だ。セミナーや会合に出席したら、積極的に名刺交換する。そして、これぞと思う人、今後深く仲良くお付き合いしたいと思う相手には後日、仕事にかこつけて、改めてEメールや電話で連絡するなどを心がけることだ。

また、人に会ったら話をすることを自分に課したい。初対面の人とは、お互いの仕事のことや会社・職場のことを話題にすれば、話す方はごく普通のことで話しやすいし、聞く方は新鮮かつ有益で、大いに盛り上がること間違いない。

パーティや会合では、普段知り合う機会が少ない分野の人に接触して、弱いところを補強することも心がけたい。

人間関係・人脈はギブ・アンド・テイクの世界であるから、維持するためにエネルギーと手間を要する。有用な情報は進んで教える。相手の頼みごとには快く応じる。お願いごとをする時は、相手の負担を最小にする（相手が書きとらなくてはならない電話ではなく、返信も簡単にできるEメールを活用するなど）。そして、お世話になった時は必ずお礼を述べる。モノで「お礼をする」のではなく、また、電話で相手を呼び出すのではなく、葉書かEメールなどでお礼を伝えることが大事である。

名簿の管理・更新も大切である。古いままのデータ・肩書きでは信用も薄れる。

インターネットによっていろいろ便利になったが、誰でもアクセスできるものより、私的領域に属するネタの方が高い価値を持っている。だからこそ、人に付随するものを大事にしたい。

人脈は「外」（社外・組織外）との広がりがイメージされるが、スムーズに仕事をするには「内」（社内・組織内）のつながりも忘れてはならない。

⑨専門図書館で仕事をするには、図書館情報学、主題知識、一般常識や社会の動向など、さまざまな知識が必要だ。とはいえ、広範な知識を自ら本などで得ることはなかなか大変である。役に立つのは「好奇心」である。ニュースを見聞きして興味や疑問を持ったらすぐに調べたり、詳しい人に聞く。

あらゆることに好奇心を持ち、芋づる式に辿れば、楽しみながら知識はどんどん増える。

特定分野の情報を集めるには「旗色を鮮明にすること」である。情報は「有る所に、より多く集まる」傾向があるからだ。

⑩専門図書館員に必要不可欠の要件は「人に興味があり、人が好きであること」だ。仕事の相手は資料ではなく、人なのだ。

⑪「明るい」というのは、なにも賑やかに振る舞うということではない。前を向いて進むプラス思考のことである。

⑫細かいことをいとわず、何事にも積極的に取り組むこと。旺盛なサービス精神を持ち、多くの仕事をこなすことが、ノウハウの蓄積・能力向上に結びつく。特に、レファレンスの能力・スキルは、経験数に比例する。

以上、主に専門図書館に新しく配属されたスタッフを念頭に、必要な知識・技能・こころがけ等について記した。

利用者のリクエストに応えるという仕事をやりながら、自ら学ぶことができ、常に知的刺激を受けられる。人との接点も多い。しかも、仕事の経験を自分の中に蓄積でき、やればやるほど、ノウハウが高まり、労働市場で価値を持つ――専門図書館の仕事は、楽しく魅力的な仕事であるが、一方、時代や環境の変化によって、課題も突きつけられている。

情報技術の急速な発達のもとで、専門図書館に課される要求や期待される資質・能力も、より高くなっていく。かつてライブラリアンの領分は主に印刷物の世界であったが、扱う媒体が多様化した。また、インターネットに代表される無料でアクセスも容易な情報源が広がり、図書館への依存度の低下・不要論も言われる。

組織化された資料・情報を使いこなし、優れたサービスを行うためには、人材育成がますます重要になっているが、専門図書館員の育成は、社の研修部門には期待できない。自館のビジョンや業務プロセスの改革などについて、個別具体的に考え、独自的かつ有効な人材育成をやらなくてはならないが、何をどこまでやればよいのか、戸惑いも大きく、目指すべきモデルもない。結局は「自分は、自館は、どうするか」と、常に考え、実行することが大切だ。

引用文献

1：専門図書館協議会調査統計委員会「専門図書館白書」小委員会編『白書・日本の専門図書館1989』専門図書館協議会、1989年、226～290頁。
2：図書館用語辞典編集委員会編『最新 図書館用語大辞典』柏書房、2004年、505頁。
3：前掲書2、535頁。

2　専門図書館のPR

専門図書館のPRの目的

専門図書館のPRの目的は①利用者を増やし、また、ライブラリーを十分に利用してもらうため、②より多くのヒト・モノ・カネ（経営資源）を獲得するためと、二つある。

専門図書館で行われているPRの多くは①のPRで、②のPRについてはほとんど行われていないように見受けられる。そこで、本稿では②を目的としたPRについて考えてみたい。

組織に対するPRはなぜ必要か

組織は、その目的を達成するために必要な仕事や職能を判断し、人材、資金、設備などの経営資源を最も効率的・効果的に使用しうるよう配分を考える。そのための判断材料となるのが「どんなレベルでどんな仕事をしているか」という、各部門に関する情報の量と質である。だから、自らの活動に関する豊富で上質な情報提供が不可欠である。

もう少し具体的に組織に対するPRの目的を挙げてみたい。

①認知と理解を得る

人は、自分が知らないものは無視する傾向がある。知らないものについてはイメージがわかないから、取引でも交際でも不安なのである。逆に、よく知っているものに関してはイメージも豊富で、実質よりも大きく感じる。

だから、常日頃から管理部門等にアプローチして、自分を目立たせ、身近なイメージを作ることが必要である。

②イメージを変化・改善させる

ライブラリーやライブラリアンに対して一般の人々が持つイメージは閉鎖的、没個性的、暗い、ヒマ、受動的、規則一辺倒など一般的にネガティブだから、古いイメージ、誤った推測を払拭するには、あらゆる機会を利用して、実像・実態を具体的に知ってもらわなくてはならない。

「いつも一所懸命やっているのだからわかっているはずだ」と思うかもしれない。しかし、皆自分のことで精一杯で、他人の仕事まで具体的に関心を持つことはほとんどない。わかって欲しい人ほど、キチンと伝えなければならない。

ＰＲの実際

組織に対するＰＲは、利用者相手とは目的が異なるのだから、内容や手法も変えなくてはならない。「利用者＝お客」「組織・経営者・上司＝スポンサー」だから、利用者にはマーケティング感覚、スポンサーには「的確・密接・強力なコミュニケーション」感覚のPRに努めたい。

①業務・作業の内容と意味・意義

自分たちはどんなことをやっているか、具体的な内容とそれぞれの作業の意味（データ入力、分類やキーワード付与等はなぜやるかなど）をキチンと説明する。ルーティンワークについてこそ、上司や組織の理解を得なくてはならない。

また、例えば、雑誌のユニオンリストについて説明する場合、作成した事実だけではなく、それがあることによって受入雑誌を選択でき、購入費の削減、雑誌受け入れの手間やスペースも不要になるなどの効果を説明すれば、新鮮な印象を与え、大いに納得してもらえるだろう。

②動き（変化、推移、比較）

「ライブラリーはルーティンワークばかりで特別にPRする材料がない」とよく言われる。しかし、日々の仕事も一歩引いて全体を見渡せば、変化や傾向が発見できるものだ。

資料・情報を探し、集め、サービスする仕事は、一見いつも同じ事をやっているように見えるが、その方法も情報の種類・範囲も、組織のニーズに合わせて変化・進歩している。そこを知らしめなくてはならない。動きがないと、マンネリ化の連想が伴い、古いイメージを持たれてしまうが、「動くこと」は生き生きしたものを感じさせ、イメージチェンジ、イメージアップにつながる。

③将来計画、未来像

将来計画を立て、未来像を描くことは、自ら変わっていこうという姿勢の現れである。一年後、三年後、五年後と具体的な目標を掲げ、それを実行してゆく決意を公にし、「変わりたい」ことを働きかけたい。

新しいことに取り組むことは、ライブラリーの業務が時代と組織のニーズに合ったものに変わっていくという実態の反映であり、活性化を図ることでもある。

あなたの方法、間違っていませんか

専門図書館（組織内の資料・情報部門）で働く人々から「こんなにたくさんの仕事をこなし、頑張っているのに、周りの理解がなく、正しい評価をされない」という嘆きがしばしば聞こえる。しかし、厳しい見方をすれば、そういう状況にしてしまったのは自分自身かもしれない。

「ライブラリーのＰＲは必要か」「ＰＲをやっているか」と質問すると、ほぼ全員が「イエス」と答えるが、その対象はもっぱら「利用者」で、「上層部や組織」はきわめて少ない。

ここに、ＰＲ再考の余地がある。

ＰＲ再考１　ターゲット

経営資源獲得のためには、利用者にＰＲしても効果はない。利用者は頼りにならないのだ。その理由は五つある。

①利用者がライブラリーを利用するのは「自分の調査・研究のため」である。ゆえに、ライブラ

リーに求めるのは、一層のサービス増強・改善である。しかも、その要求はエスカレートする。100パーセント対応すればライブラリーの仕事・負担を増やすだけで、疲れきってしまう。

②組織ではあくまで「その人本来のポジションでの仕事をすること」がルールだから、人員配置や予算配分は利用者の仕事ではない。

③ライブラリーをよく利用するのは、組織の意思決定に参加していない若い人が多い。仮にライブラリーをサポートする気持ちがあっても、権限がないから、影響力を発揮できない。

④ライブラリーの有用性を認め、サービスへの満足度が高い人ほど、表立って高く評価したりはしない。利用者が増えて自分が受けるサービスの密度が落ちることを危惧するからである。

⑤利用者はサービスの表側しか見ていない。サービスを支える裏側の仕事に理解を得なければ、ライブラリーの発展は難しい。

では、どこにターゲットを定めるか？　それは、組織や上司である。しかし、上司に関する錯誤も少なくないように思う。

PR再考2　管理職（上司）に関する錯誤

①上司が素人だ

「私たちは専門職だが、上司は図書館のことは何も知らない素人だ」という声をよく聞く。ライブラリアンに限らないが、専門職はえてしてその分野で一流でない人を上司として受け入れることを嫌う。

しかし、他部門からいきなり部長や課長で来れば、ライブラリーの仕事を知らないのは当然である。十分な説明・積極的な情報提供など、こちら側から働きかけて、ライブラリーの機能や仕事を理解してもらわなくてはならない。「どうせ1～2年の腰掛けだから」とか「素人だから」と上司を蚊帳の外に置けば、上司の方も「ルーティン業務さえやってくれれば良い。問題さえ起こさなければ良い」と思うだけである。

それに、実務の熟達は管理職の仕事ではない。また、専門家・専門職としての能力と管理者としての能力は必ずしも同じではない。

②「上司」と「利用者」の混同

それまであまり利用しなかった人が上司になると「ライブラリーに馴染みのない人が私たちの仕事に関心などあるはずがない」と勝手に思ったりもする。私もかつてはそう思っていた。一度もライブラリーを利用したことのない役員が担当役員になった時、「世も末だ」と思ったのだ。しかし、その役員が、管理者としてはいちばん熱心かつ真摯に対応してくれ、図書館界全体のことにまで、興味と理解を示した。

上司は「お得意さん」である必要はない。むしろ、上司が図書館愛用者だと趣味的に関わりやすい場合があるので、要注意とも言えよう。

PR再考3　予算について

「予算が削られる」「予算を増やしてもらえない」と嘆いている人を見ると、「できる限り節約しよう、節約しよう」と懸命である。そして、予算を余らせてしまう。これでは減る一方である。お金を使わなければ予算は増えない。

組織は必要なものにはカネを出すものである。必要なものは要求しなければならない。

PR再考4　数字・統計について

仕事の成果は数字で示す方が一般的には説得力を持つ。したがって、ライブラリーでも数字を示し、数字を伸ばそうとする傾向があるが、私は四つの理由で、あまり勧めない。

①情報部門の評価・サービスは、レファレンスなど定性的な側面が重要なものがあり、数字で示しにくい。

②利用者数、資料の受入冊数、レファレンス件数など数字の伸びによって評価を得ようとすれば、ルーティンワークに大変な労力を割かなくてはならない。しかも、そうやって自らを縛った割には、本当に評価してもらえるかどうか疑わしい。忙しさだけが増し、自分の首を締める結果に陥りやすい。

③統計作成の労力と時間が惜しい。

④数字はそれだけでは意味を持たないことがある。例えば、貸出・返却は資料の物理的な移動・現象を数字に置き換えたにすぎない。もし、数字を使うのなら、生かす工夫が必要である。

どのようにＰＲするか――効果的なＰＲの方法

①ラインの遵守

組織を動かすには、正式な手続きによる社内のコンセンサスの獲得が必要だ。会社を動かそうと思ったら社長、部・課を動かそうと思ったら部長・課長に話をつけるのが原則であるから、直属上司、部長、担当役員といった命令・報告・相談の系統をキチンと把握し、ラインを守る必要がある。「自分の上司がわかってくれないから」と、他部門の管理職などお門違いの人に訴えても効果がない。決定権を持たない相手と無駄な時間を過ごさないことである。

直属上司を飛び越す「直訴」も受け入れられない。仮に訴えの内容が正当であっても、ラインを守らなかったために「ノー」になってしまうのがオチだ。

専門図書館に限らないが、職場には勤続年数が長く、仕事を取り仕切っているスタッフがいるものだ。「管理職のようなものだ」と言われたりもする。しかし、「のようなもの」と「である」は全く違う。「のようなもの」と言われ、その気になって、経営陣や他部門に何かを要求・交渉しても、組織は正式の要請とはみなさない。仮に話を聞いてくれたとしても、単なるガス抜きだ。

しかし、管理職から申し出れば、不思議なくらいに交渉が成立し、物事が変わるのである。

図書館・情報部門は、各自が専門職意識を持って仕事をしているため、ライン意識が薄い傾向がある。経営母体へのPR不足は、組織の中でどう働くかという基本的なメンタリティが欠けていることも原因の一つではないかと思う。

②上司を取り込め

組織的に仕事をするためには、味方として第一に上司を取り込まなくてはならない。

管理職のメインの仕事は経営資源の獲得や意思決定である。

上司（係長、課長、部長――図書館・情報部門が係であるか課か部か、どこかの部門の一部かによって役職名は異なるが）に対するPRは、まず「ホウ・レン・ソウ（報告・連絡・相談）の励行」である。それも単なる報告ではなく、相手に発想・行動を変えることを要求するものでなくてはならない。相談は、むしろ「提案」の形が良い。

③相手のニーズと個性に合わせる

相手の心を読み、自分の側ではなく、相手の立場に立ち、相手の利益を図り、相手の喜びそうな情報を提供する――そんな意識が必要だ。

ところが、現実には「図書館だから……すべきだ」と図書館の価値観、図書館の仕事だけの必要性を絶対視し、これを他に押し付けようとする傾向がなきにしもあらず。

ある機関で、新任部長が「なぜ資料を分類する必要があるのか」と尋ねたところ、「ライブラリーだから分類するのが当然です」と答えたという。これでは部長を納得させることはできない。

無力な「あるべき論」を超えなくてはならない。

人間には、クセや習慣、気質や個性がある。それらは、簡単に変わるものではなく、また、各人の仕事のやり方に反映する。成果に結びつけるには、相手（上司）のやり方やクセを知り、相手が受け入れる形で提案するように努めたい。

例えば、人には「読む人」と「聞く人」がいる。「読む人」には、簡潔明瞭に書いたものを渡す、逆に「聞く人」には口で説明するというように。

④ポストと仕事——相手の立場・ものさしにあわせる

仕事というものは、ポストによって視野がちがう。また、ポストによって決裁・決定の権限のレベル・範囲が決まっている。だから、同じ分野の仕事でも、ポストによって、考えること・やることは違うものなのである。

例えば、スタッフレベルでは、ルーティンワークを速く、正確に、なるべく多く処理しなければならない。課長など中間管理職は、他部門の動向を見ながら、組織内の整合性に配慮しつつ、自分の部門の方針や方法を考える。人や予算の獲得も重要な仕事である。部長や役員クラスになると、業界あるいは国レベルで考え、組織全体のことを決める。

だから、効果的なPRをするためには、相手の視野に合わせた説明をすることだ。ポストが下位ならミクロで具体的な説明、上に行くほどマクロで包括的な説明が必要だ。

専門図書館の全国規模の団体である専門図書館協議会について説明する場合を考えてみよう。

直属上司には「概要、会費の額、日常どのような活動をしているか、入会の具体的なメリット、わがライブラリーはいつから会員で、どんな行事・活動に参加しているか、スタッフの誰かが委員を務めていれば、そのこと」など、具体的に説明する。一方、役員に対しては「歴史や会員数。会長や理事はどこの誰であるか。同業他社は入会しているか」などに重点を置く。

⑤ＰＲの機会

ＰＲは、相手への働きかけのタイミングや頻度も結果・効果に大きく影響する。どんなに良い内容であっても、様子を尋ねない限り何の報告もないというやり方よりも、早目にこまめに報告する方が印象はずっと良い。「まとめて一緒に」はタイミングが遅れるだけでなく、個々の印象も薄く、効果的ではない。

ライブラリーの広報・ＰＲは、かつての回覧や掲示に換えて、最近はＥメールや電子掲示板などの方法を採ることが多い。しかし、ＰＲの場として勧めたいのは会議の活用である。会議は組織の意思決定の場で、そこには権限を持った人々が出席するからである。

⑥わかりやすく

発言の機会を増やすだけでなく、説得力のある、相手がわかるプレゼンテーションを心がけたい。業界用語・専門用語は一般的な言葉に置き換え、あるいは補足して、理解を助けてやることが必要だ。

書面による場合はポイントを押さえ、必要に応じて図解を取り入れ、短く簡潔に。長ったらしいのは逆効果である。

ＰＲは中身に劣らず、態度も大切である。内容が同じでも、明快に大きな声でハキハキ説明するのと、小さな声でボソボソやるのとでは、印象が全く違う。

また、どうしたいのか、自分の要望・意見をハッキリ主張しなければ、理解してもらえない。

⑦数字・統計

１６７ページで、数字による説得は勧めないと書いたが、もし数字を使うのであれば、それを分析・加工し、解説を加えることだ。蔵書数、利用者数、貸出数など、「単なるデータの報告」では説得力はない。比較や変化（３ヵ月の推移・対前年比など）、増減の理由など、背景や課題について説明を付せば、データ自体も生き生きとしてくる。

さらに大事なのは、的確に分析し、あるいは比喩を使ってわかりやすい解説を加え、「量」ではなく「質」に変え、「データ」を「情報」や「価値」に転換させて、相手の理解を助けてやることだ。

経団連では、ほとんどのライブラリー統計は、作成も発表もやめてしまった（資料の受入冊数やレファレンス件数など、必要になったら、コンピュータで集計できる）。

ただし、自館の規模や活動に関する基礎データ、類似機関との比較などは掴みの数字で把握していた。

また、レファレンスは、件数より内容が大切だ。私は、担当役員にはレファレンスの質問事項を、部長には「どのように処理したか」を具体的に報告していたが、ライブラリーの仕事に関心と理解を得るのに、非常に効果的であった。

心がけたいこと

①無用な「べき論」をやめる

私たちの思考や行動は理論や社会通念に基づくことが多い。さまざまな場で「……すべきだ」「……でなければならない」と「べき論・筋論」を開陳し、それに支配されがちだ。しかし、この発想のもとでは、仕事、ひいてはその職業の大きな進展はない。「べき論」は網羅性の追求に走りがちで、「ためにする仕事」が肥大化し、義務を果たすことに傾注して自らにノルマを課し、その結果、強迫観念に陥って、あまり楽しくもないからだ。

また、人は「……すべき」と言われると、強制される印象があるから嫌う。「……して欲しい」と願望にする方が受け入れられやすい。

②仕事の意味づけと合理化

どんな仕事・作業にも意味がある。図書館のＯＪＴは「やり方の説明・継承」になりがちだが、それぞれの工程・作業は何のためにやるのかを発見・理解することが大切だ。そうすれば、さまざまな仕事の中で、どれが重要かを見極められ、無用な仕事はカットあるいは外部委託に換えることもできる。生き生きした気分で仕事をするためにも、仕事の意味づけは大切である。

③具体的に

「情報サービス」とか「情報が大切」といつも言う割には図書館や情報部門に日が当らないのは、一般的・総論的な「言葉だけの世界」にとどめている場合が多いからではなかろうか。常に各論・具体的なものをイメージし、それを実行することが大切である。

④ヒト（人財獲得策）について

仕事は「人」が大きく左右する。いい人材をできるだけ多く配置してもらわねばならない。ライブラリーには専門分野を履修してきた人材を確保するのが望ましいとは言っても、企業等では職種ではなく、ローテーションによって、採用・配置を決めるのが一般的であるから、難しい場合が多い。また、他部門とのローテーションがないと人事も業務も硬直化する。

優れた人材を引き付けるには、誰もがそこで働きたいと思う魅力的な職場にすることだ。「大変だ、忙しい」を連発し、「上の理解がない」「上司がひどい」とグチっていては、良い人材の確保は難しい。マイナス情報を流さないことにも注意しなくてはならない。

⑤感受性

感受性を豊かにして、現実や他の人から学ぶことも大切である。私は（具体的に指示されたり、直接言葉で言われたわけではないが）、担当役員の反応や、他部門で成果を上げている男性のやり方を見て、組織の中での対応の仕方を学んだ。

⑥自分の仕事を完璧にやる

口先や書いたものでどんなにＰＲしても、やっている仕事がいい加減では説得力はない。人々の満足感は、きわめてミクロな、具体的な側面にある。「個々のリクエストに１００パーセント応える」「日常の自分の仕事を完璧にやる」――つまり、会心のサービス・対応の積み重ねが、評価を高め、信頼を得、ライブラリーの最も効果的なＰＲになるのである。

理解は「される」ものではなく、「させる」もの

アメリカの経営学者ドラッカーは「生産性の向上に対するニーズの最も大きな領域が、トップ経営陣への昇進が事実上不可能となっている領域である。しかもそれは、いかに大きな金が使われていようとも、トップ経営陣のうち誰一人として大きな関心を持たず、十分な知識を持たず、面倒を見ようとせず、重要とも思っていない領域である。それは、組織の価値に合致していない領域の仕事である」[1]と、専門資料室その他、サービス労働そのものが「外部委託」されるようになると予想している。現に、私たちの周りでも情報部門の業務の外注化が進んでいる。

一方、公共図書館や公開専門図書館など外部情報機関の充実、インターネットやデータベースの発達・充実、ホワイトカラー部門の生産性向上に対するニーズの高まりなど、環境も大きく変化してきている。

経営母体の理解・評価がなくては、専門図書館の未来はない。

理解は「される」ものではなく「させる」もの、「求めるもの」ではなく「作るもの」と認識し、効果的なＰＲを実行したいものである。

引用文献

１：Ｐ・Ｆ・ドラッカー著、上田惇生、佐々木美智男、田代正美訳『ポスト資本主義社会――21世紀の組織と人間はどう変わるか』ダイヤモンド社、１９９３年、１７０頁。

3　展示会で情報提供

展示会は伝統芸

経団連ライブラリーでは、1960年代半ばから90年代はじめまで、年に1～2回、「資料展示会」を開催した。

会期は1週間。経済界で今後重要になる問題・テーマについて企業が行動を起こすための情報提供に重点を置き、来場者に配布するのは単なる「展示目録」ではなく、関連の情報を盛り込んだ資料集にした。また、講演会も開いて、より具体的に理解してもらうことに努めた。

特に印象的な展示会を振り返ってみる。

企業の社会的責任資料展示会（1974年2月）

第一次オイルショック後に開いたこの展示会は、ライブラリーからの情報提供、企業に対する啓蒙的展示会・講演会の嚆矢《こうし》となった。

1973年の秋、第四次中東戦争勃発によって石油価格が4倍に引き上げられ、世界的にオイルショックが現出した。わが国では、原料・製品の買い占め・売り惜しみ、便乗値上げ・駆け込み値上げなども相次いで、翌年には「狂乱物価」と言われるほど諸物価が高騰、トイレットペーパーや洗剤が品薄になるなど、経済・社会は大混乱となった。

こうした事情を背景に、企業批判の風潮が著しく強くなり、経団連でも「企業の社会的責任」を経済界全体の問題として考え、取り組むことになった。ライブラリーでは、この問題を担当していた広報部と組み、外部の経済団体、経団連会員会社のほか、アメリカン・センター、野村総合研究所、日本生産性本部、日本貿易振興会（ＪＥＴＲＯ）からも資料の提供・協力を得て、展示会を開催した。

展示内容は、

1．一般啓蒙書・理論書（国内出版の約60点と海外の30点）
2．雑誌の特集（１９７３年から１９７４年にかけての約30点）
3．経済団体の決議・提言
4．調査研究資料（経済団体、シンクタンク、銀行、企業等が発表したもの）
5．海外企業の刊行物（主要企業のアニュアルレポートやアメリカ各社の実施例）
6．国内企業の刊行物（基本方針・行動基準、社内監査、従業員教育、営業報告書、公害防止対策、省資源・省エネルギー対策、消費者サービスの改善、地域社会とのコミュニケーション、社会文化活動など）

で、B5判・34ページの『企業の社会的責任資料展示目録』には、「付属資料」として、企業の社会的責任についての経団連の考え方や総会決議、企業の社会的責任についての実態調査（①経団連が実施したアンケートの集計結果、②業種別・地域別団体の活動、③経営者は企業の社会的責任をどうみているか、④財団と企業の社会的責任）など、この問題に対する企業・団体の体制が一段と強化されるために必要な情報も盛り込んだ。

地味な内容であったが、多数の来場者を得た背景には、当時の激しい企業批判への対処という、企業の切実感があった。

「企業と文化――企業の文化活動資料展」ならびに講演会（1986年4月）

当時、企業の文化活動が盛んになってきており、その内容も広報に近いものから会社の本業に関係ないものまで多岐にわたっていたが、社会的にはその意義や実情がよく認識されていなかった。そこで、資料展示会と「企業と文化を考える」と題する講演会を併催した。

71社から約620点、79の企業財団から約680点の出展を得、市販図書約90冊を添えた。展示資料は、①国際文化交流（海外展示会・公演、海外芸術家招請、日本研究助成など）、②文化施設（美術館、博物館、図書館、文庫など）、③文化イベント（演劇、コンサート、セミナー、シンポジウムなど）、④出版・映像（企業出版物、映画、ビデオ、レーザー・ディスクなど）、⑤文化・育英の後援（文化賞、育英、研究助成など）、⑥事業案内（文化活動の全般的説明、事業案内、事業報告、年史、会報など）の六つのジャンルに分けて展示した。

講演会は、三浦朱門文化庁長官が「企業の文化活動への期待」と題してイタリアのメディチ家とルネッサンスの関係を引き合いに出して講演したほか、サントリーの佐治敬三社長が企業経営者の立場から「企業と文化」の関係について、林雄二郎トヨタ財団専務理事が「企業財団の活動の現状と課題」について、植松修三三井広報委員会事務局長（三井物産広報室長）が「Close up of Japan」をはじめとする三井グループの海外にまでおよぶ文化活動について、久保田剛敏味の素広報室長が食文化を中心にした同社の文化活動について、それぞれ講演し、ソフト化経済センターの日下《くさか》公人《きみんど》専務理事が全体を総評して終えた。

フィランスロピー展（1991年2月）

１９９０年代に入ると、わが国でも企業の社会貢献について関心が芽生え始めてはいたが「フィランスロピー（社会貢献）」という言葉もまだ普及しておらず、ごくわずかの先進的企業を除いて、実際には何をどのように行えばいいのかわからない」と、暗中模索の状況だった。

「企業の社会的責任」同様、経団連が企業に働きかけるにふさわしいテーマであると考え、同展示会・セミナーを企画した。

来場者に配布した『企業の社会貢献活動関連資料一覧』（Ａ４判、75ページ）は、これからフィランスロピーに着手しようという企業にも利用価値の高い、網羅的・具体的で、内容の濃いものにした。具体的な内容は次ページのⅢ-2表のとおりである。

第Ⅱ部「参考資料」は、総務部の協力を仰ぎ、日本とアメリカに分けて、具体的に紹介し、かつ、最新情報を盛り込んだ。

第Ⅲ部の「フィランスロピー・ディレクトリー」は、官庁・機関名、担当の部署、所在地、電話番号を添えて、即、活用できるものにした。

付帯のセミナーは①経団連の役員による基調講演「企業の社会貢献活動について」、②大蔵省主税局税制第一課長による「企業寄附に関する税制について」、③先進的活動を行っている5社（日本アイ・ビー・エム、松下電器産業、富士ゼロックス、日本生命保険、トヨタ自動車）の事例紹介という三本柱とした。

「フィランスロピー展」のために収集した和文・英文の資料・文献の総数は約３００点。海外（特にアメリカ）のものは、当時在ワシントンの政府関係機関に出向していた経団連職員の協力を得て、展示会開始後も毎日のように追加した。

「関係資料一覧」は、とりわけ第Ⅱ部に企業の関心が高かったことから、飛ぶようにはけ、毎日増刷したし、セミナーも定員をはるかに上回る申し込みがあった。

展示会のマニュアルづくりと経済効果の算出

ライブラリー開設以来、長年、展示会をやっていたが、メインの担当者以外のスタッフは、言わ

Ⅲ-2表 『企業の社会貢献活動関連資料一覧』内容

第Ⅰ部「フィランスロピー展」展示目録 （企業の社会貢献活動に関する文献）
1．企業の社会貢献活動に関する経団連の取り組みについての資料
①意見書／②委員会や海外ミッションの議事録・報告書／③雑誌、ビデオなど
2．図書資料 （書名、著編者名、発行所、発行年月、ページ数）
①フィランスロピー一般（日米の単行本、白書、報告書）／②経済団体、官公庁、研究会などの意見書・提言／③公益法人の制度・実務（実務書・手引書、登記手続き・会計・税や関連の法律）／④民間助成財団活動（概要、構想、報告書）／⑤寄付活動（寄付の現状、寄付金課税の知識）／⑥メセナ（文化支援活動に関する用語集、ハンドブック、事例案内、企業博物館・美術館）／⑦ディレクトリー（国内外の関係機関・団体のディレクトリー、案内パンフレット）
3．雑誌
①内外の専門誌（誌名、刊行頻度、編者・発行所を記載）／②特集号（企業の社会貢献やメセナに関する特集名、誌名、巻号・発行年月、掲載ページ）
第Ⅱ部 参考資料
1．現行の寄附金税制に関する参考資料
寄附金に関する税制の概要（法人税関係）／特定公益増進法人の業務／法人の寄付金支出状況／特定公益増進法人の認定状況／特定寄付金の分野別指定件数／諸外国の寄付金に関する税制の概要／個人の寄附金に関する税制／個人の寄附金控除の適用状況」
2．米国の法人に対する寄付金税制参考資料
米国の法人に対する寄附金税制の概要／米国の法人に対する寄附金税制／免税団体の許可申請手続きの概要
第Ⅲ部 フィランスロピー・ディレクトリー
公益法人主務官庁一覧／全都道府県の公益法人窓口一覧／フィランスロピー関係機関一覧

れたことをただ言われたとおりに手伝っているだけだった。

〝伝統芸〟を継続するには、誰もがやり方を理解できなくてはならない。そのことに気が付いた私は、「企業の文化活動資料展」を担当した際、「展示会のマニュアルづくり」と「経済効果の算出」を試みた。

マニュアルは企画、準備、依頼状の文章、展示の仕方、展示目録の作成法その他、展示会開催のすべてについて、具体的に書き残し、ファイルを作った。

「経済効果の算出」は、ライブラリーのＰＲにおける「蔵書の寄贈効果」と同様の発想からだ。図書館で展示会を開催する際、一般的には来場者数や展示資料の数だけが記録・報告されることが多い。しかし、それだけでは、親機関からも「お金を使うばかり」と思われかねない。

そこで、数値化できるものについて収支決算を試みた（次ページⅢ-3表参照）。すべての収支を見ると、44万円の黒字であった。

「企業の文化活動資料展」では講演会関係の収支が大きかったので、展示のみにすれば、黒字の割合はもっと大きくなっただろう。このようなデータをもって、図書館のイメージを変えてもらうことも必要ではなかろうか。

社史フォーラム（2004～2009年）

社史編纂に関する問い合わせ・相談は頻繁にあったが、年間２００点の社史が出ていることを考

Ⅲ-3表 「企業と文化」資料展示会・講演会収支決算

Ⅰ．現金の収支を伴ったもの

1. 展示関係費用

費　目	見積額	決算額	差　違	備　考
(1) 解説パネル	320,000	577,220	▼82,720	
(2) 展示一式	340,000			
(3) 展示資料目録	200,000	120,000	▼80,000	N社が別途20万円負担
合　計	860,000	697,220	▼162,780	

2. 講演会関係収支

(1) 収入

費　目	見積額	決算額	差　違	備　考
会費収入	500,000	795,000	295,000	@5,000×159人

(2) 支出

費　目	見積額	決算額	差　違	備　考
(1) 講師打合会	—	60,656	60,656	
(2) 講師謝礼	400,000	400,000	0	
(3) 会議場費	100,000	185,878	85,878	
合　計	500,000	646,534	146,534	

3. 記録作成関係費用

費　目	見積額	決算額	差　違	備　考
(1) 写真代	—	15,600	15,600	
(2) 速記代	—	152,000	152,000	
(3) 印刷代	—	—	—	共催の経済広報センター負担
合　計	—	167,600	167,600	印刷代を除く

4. 総計

費　目	金　額
(1) 支出	1,511,354
(2) 収入	795,000
(3) 差引額	716,354

5. 費用の負担額

経団連	286,354
共催の経済広報センター	430,000*1

*1　このほかに3.(3) 印刷代を別途負担

Ⅱ．展示会受贈資料・機器による現物収入

費　目	合　計	備　考
図書*1	270,000	@1,500×180
ビデオテープ*2	42,000	@3,000×14
語学テープ	20,000	@20,000×1
レーザーディスク	10,000	@5,000×2
テレビ・ビデオセット	384,800	@384,800×1
合　計	726,800	

*1　図書は平均見積単価を社会科学系新刊平均単価より低くした。

*2　ビデオテープは生テープにダビング代を加算した。

Ⅲ．総計差引額

費　目	金　額
Ⅱの現物収入	726,800
5の経団連負担額	286,354
差引（実質黒字）	440,446

えると、直接訪ねてくる人だけでなく、疑問・質問を持っている人は少なくないはずだ。そこで、1万冊の社史現物を観察・分析した『社史の研究』（ダイヤモンド社、2002年）を出した後、「社史フォーラム」を開催することにした。

基本的な構成は①基調講演、②経団連会員企業の社史編纂者の経験談、③学者の講演である。経団連でやるからには、基調講演は経営者、できれば財界人を講師にしたいと思った。財界人が社史をどのようにとらえ、考えているかが公になれば、影響力も大きいはずだ。

お願いしたのは資生堂名誉会長の福原義春氏、本田技研工業相談役で経団連副会長の吉野浩行氏、第一生命保険相談役で経団連評議員会副議長の櫻井孝頴氏など（いずれも肩書きは当時）。

福原氏は、日本経済新聞「私の履歴書」に「経営者としての私のバイブルは『資生堂百年史』である」と書いていらしたこと。吉野氏は、ホンダがアメリカ・オハイオ州にオートバイ工場設立で進出した際、州に寄付したお金の一部が州立大学の図書館に割り当てられ、それで日本の社史約900冊を神田の古書店から購入、これが同大学の社史コレクションのスタートとなったことを知っていたからだ。

どの方も「社史について話したことなどない」とおっしゃったし、ライブラリー主催のイベントで財界の大物が講演するというのも前代未聞だったが、さすが優れた経営者！　素晴らしい講演であった。

基調講演は、井上ひさし氏、北康利氏と、作家にもお願いした。井上氏は「隠れた社史ファン」

であること、さまざまな社史の中から、開戦前後から敗戦前後までに限って紹介した『欲シガリマセン欲しがります』（新潮社、1986年）、さらに戦後50周年に収録社数を大幅に拡大した『社史に見る太平洋戦争』（1995年）を編集されていたことを知っていたからである。

社史フォーラムで配布した資料は簡易製本のA4判・40ページ。レジュメには、講師のプロフィールに「社史との関わり」も記し、どんな立場で講演するかがわかるようにした。

また、社史を編纂する人々への情報提供として「社史編纂の参考文献」や「社史を多く所蔵している主な図書館」を詳細・具体的に載せた。

8回開催した「社史フォーラム」は、どの回も会社の代表者（社長、会長）宛のファクシミリ一本で、北海道から沖縄まで、百名を超える参加者が集まった。

展示会にしても「社史フォーラム」にしても、参加者への情報提供のためにかなりの手間を要した。しかし、単なる資料の展示や簡単なレジュメだけでは「情報提供」にならない。それに、手間暇かけていろいろなことを調べ、準備することで、ライブラリーのスタッフにノウハウや知識が蓄積されるのである。

4　ライブラリアンとツールづくり

ツールづくりのきっかけ

私が物事をシステマティックに整理・探索する面白さにとりつかれ、図書館の意味づけをみつけたのは学生時代に出会ったＮＨＫのレコードの整理・検索システムだったことはⅡ部４「図書館はシステム」で詳しく書いた。

小川昂氏のお仕事に刺激と感銘を受けた私は、長い専門図書館人生において、さまざまな書誌・索引づくりに携わった。その中で、現在まで引き継がれている、または利用されているツールについて紹介したい。

『専門情報機関総覧』（専門図書館協議会発行）

『専門情報機関総覧』はわが国の専門情報機関（専門図書館）を網羅的に収録したディレクトリーである。１９５６年に創刊、第２回目の１９６９年以降３年毎に刊行され、よく利用されてもいたが、肝心の〝テーマで専門図書館を探す〟手段が不十分だった。

そこで、専門図書館協議会の調査統計委員長に就き、１９９４年版「総覧」の編集を担当することになった時、全面改訂に取り組んだ。

最も力を注いだのは「索引の充実」と「一般的な言葉で専門図書館を探せるようにすること」だった。

①探しやすさ

索引は従来の「機関種別」「地域別」「欧文機関名」索引に加え、「主題分野別」「重点収集資料別」索引を付し、多面的な検索、とりわけ、専門図書館の存在意義に直結する「テーマや所蔵資料から探せる」ことを意図した。

「主題分野別索引」は、「図書館学」「人口」「消費者問題・住民運動」「スポーツ」など12分野89項目に分かれたジャンルで探せる索引、「重点収集資料別索引」は①統計、②名簿、③地図、④点字、⑤年史・伝記、⑥古文書・和漢書・和装本、⑦映像、⑧写真、⑨マンガ・絵本・児童書、⑩郷土資料の10種の資料について、重点的に集めている機関がわかる索引である。

さらに、主題分野のコード表にあらわれた言葉と重点収集資料10の言葉を合わせた１８６語を五十音順に並べ替えた「キーワードガイド」も示して、誰もが普通の言葉で専門図書館を探せるようにした。

主題分野と重点収集資料のどちらにもある言葉（例えば、統計、写真、マンガなど）は、重点収集資料を示す言葉の前に★印を付して、区別した。

②利用の可否をわかりやすく

専門図書館は外部に公開していないところが少なくない。公開の可否により、全機関を「公開」「限定公開」「非公開」の3種に分け、本文・索引ともマークによって一目でわかるようにした。さらに公開機関には利用資格、利用料金、利用できるサービスや日時、最寄り駅を、限定公開機関には利用条件を表示、利用者の便宜を図った。

③収録機関の拡大

専門分野に特化したライブラリーは民間の企業・団体の中のライブラリーだけではない。それまでは対象外だった大学等の研究所や美術館・博物館等に附置された資料室、大規模図書館（国立国会図書館や都道府県立図書館等）の中の専門資料室などを新たに収録した。

④ていねいな参照

それまでの「総覧」は、機関の正式名称がわからなければ探せなかった。そこで別称・通称からも探せるよう、機関名の五十音順に配列されている本文に参照を付した。例えば「お茶の水図書館→石川文化事業財団お茶の水図書館」「ライブラリー・アクア→東陶機器㈱ライブラリー・アクア」などである。

⑤統計の充実

専門図書館に関する巻末の統計は、データを注意深く見て異常値をチェックし、精緻で信頼できるものに仕上げた。さらに、規模を表わす5種類の項目（図書所蔵数、逐次刊行物タイトル数、情報資料費、資料室面積、座席数）については、グラフを添え、視覚的にもわかるものにした。

⑥装丁・デザイン等

本は見た目も大事だ。表紙、カバー共に、カラフルで華やかなデザインにした。また、本文・索引・専門情報機関関係団体一覧等の組み、凡例の文章、目次や扉など、すべて見やすさ・わかりやすさに配慮した。

⑦その他

本総覧は詳細なアンケート調査に基づいて編集している。

すべてを根本的に見直した94年版の調査項目は、前版より50パーセント増の90件・１４０項目にも及んだ。膨大な調査にもかかわらず、回収率は約80パーセントにもなった。この高い回収率を、長年にわたる継続刊行と、総覧に対する信頼の反映と受け止め、それに応えるべく、調査から刊行までのタイムラグを極力小さくした。

これら「総覧」の全面改訂は、作業も緻密かつ膨大で、データ処理等の制作面を担当した印刷会社や専門図書館協議会事務局の担当者から頻繁に問い合わせ・連絡の電話がかかってきて、てんてこ舞いの日々。さすがに「経団連をクビになるのではないか」と思った。

しかし「絶対にやりたい！　やらなくてはならない」という意志と「これは、専図協のお金を使ってやるからこそ、できるのだ」という感慨・感謝に支えられて、自分がイメージした「総覧」を作り上げることができた。

その後ずっと、総覧が右記の編集方針・手法を引き継いでいるのは嬉しい限りだ。「2015年」版では、重点収集資料は24種、キーワードガイドの語は約400と、当初の2倍以上に増え、よりきめ細かい検索ができるようになっている。

『経済団体連合会五十年史』の索引

編纂を担当した『経済団体連合会五十年史』（1990年）にも詳細な索引を付した。

わが国では1万5000点を優に超す社史・年史が刊行されているが、索引がない、あるいは粗いために、活用しにくいと、常々嘆息していたからである（私の調べでは、既刊社史で索引のあるものは1パーセントにすぎなかった）。

年史の索引づくりは、簡単なようでいて、案外面倒である。もちろん、コンピュータが機械的な一次作業はやってくれる。しかし、それだけでは利用しやすい索引はできない。軽重にしたがって人間の手で取捨選択し、異なるものを分け、似たものを寄せる。定義・概念・用語の整理・確立・統一なども必要だ。コンピュータが作った索引の排列は文字コード順だったり、語頭が「数字→アルファベット→漢字」の順に並べたりするから、五十音順索引にするのであれば、並べ替え、校正も必要だ。

「五十年史」は、書籍版だけでなく、既刊年史も含め全5冊の年史本文、経団連創立以来50年間に発表した意見書の全文などを収録したＣＤ‐ＲＯＭ版も作った。キーワードで自在に年史本文を検索できるのはもちろん、本文と意見書にリンクをはって相互参照ができるようにもした。本文で「意見書を発表した」という記述があれば、その意見書名をクリックすると「意見書ファイル」に飛び、意見書全文が読めるという仕掛けである。

そういった構造を考えたり、キーワードを整理するにも、ライブラリアンとしての技術を大いに生かすことができた。テキスト主体のＣＤ‐ＲＯＭ社史としては、当時、画期的なものであったと自負している。

渋沢社史データベース

わが国では、近代企業が誕生して間もなくの明治30年代に社史の刊行が始まり、これまでに約６０００社が1万５０００点以上の社史を出している。

社史には、企業風土、経営哲学、産業発展の秘話や製品開発の裏話が盛り込まれ、めずらしい統計や図も数多く収録されている。生活密着型の会社の社史は、日本の風俗史や生活史まで克明に映している。

百科事典にも載っていないような素晴らしい情報の宝庫であるにもかかわらず、「宝」を探す手段がなかった。

そんな社史の内容を探せるようなデータベースを作りたいと思っていたが、膨大な作業と巨額の費用がかかるので、誰もが「そんなもの、できるわけないでしょ」と言った。

しかし、強く思っていれば、必ず実現できる！

２００４年の秋、渋沢栄一記念財団実業史研究情報センター（２０１５年４月に事業部情報資源センターと改組）の事業として始めることになったのだ。

とはいえ、さまざまな資料・情報が多様な形で収録されている社史のデータベースを作るのは容易なことではない。

まず、経済・経営史、社史、営業報告書、データベースと４名の専門家からなる、「社史索引データベース構築検討委員会」（委員長・村橋）を作って、約４年間で20回近く、「社史を素材にどんなデータベースができるか」「著作権の問題はないか」などを徹底的に議論した。

途中、数冊の社史を使って、「目次」「年表」「資料編」「索引」から細かくデータを採録してみた。内容を探すにはこの四つで可能という結論に達し、各編のマニュアルを作成、委員会の検討と並行して、２００５年春から本格的にデータ採録を開始した。作業の実働部隊は在宅アルバイト、私の担当は、採録データの校閲・校正である。

採録対象の社史は、日本の既刊社史すべてを対象にするとあまりに膨大で、費用とマンパワーを考えるととても無理とわかり、また、渋沢栄一記念財団の事業であることから、渋沢栄一が関連した会社の社史（既刊社史の約１割、１５００冊）に絞ることにした。因みに、このうち「目次」はほぼすべての社史にあるが、「資料編」は80パーセント、「年表」は75パーセント、「索引」は20パーセントの社史にしかない（索引つき社史の割合は全既刊社史よりも多い）。

4種のデータは、どれもExcelに入力する。目次と索引はOCRで読み込み、年表もすべての行を採録した。資料編には思いがけないものが収録されていることが少なくないため、逐一見て、「財務・業績」「役員」「福利厚生」など、ザッとしたカテゴリーに仕分けした。

発想から企画・準備、そしてデータ入力……と10年、多くの人のアイディアと汗によって、一応の形ができ、「渋沢社史データベース」が２０１４年４月に渋沢栄一記念財団のウェブサイト上で無料公開された。第一弾公開時の登載社史は１０３５冊（わが国既刊社史の7パーセント）、データ数は１４０万件強であったが、その後、データを追加して、２０１６年３月現在の収録社史は１５６２冊（うち、年表の掲載がある社史は１１４２冊、索引がある社史は３０２冊）、データ数は約２４０万件になった。

内容を探すための〝索引〟データベースであるから、社史の全文が見られるものではない。しかし、思いついた言葉で検索してみると、意外なことがわかって興味深いし、予想した以上に使える。

このデータベースはまだ未完成で、データ入力・校閲は継続中である。

社史データベースの夢と構想を具体化した「渋沢社史データベース」は、画期的な仕事だと自負している。税金や助成金等ではなく、民間が自前のお金で成し遂げた点でも、しばらく同じようなものはできないだろう。

ただ、既刊社史の一割程度のデータしか入っていない点が心残りである。それに、一機関、少人数による仕事としては、あまりにも荷が重すぎる。願わくは、国のレベルで、もっと巨額なお金を引っ張ってきて、日本の産業界全体のアーカイブにできないだろうかと考えている。

必要なものは自ら作ろう

より正確な、より内容の濃いビブリオグラフィー（書誌）の編成、ツールや検索システムの構築・改善は、ライブラリアンの本務であり本領発揮である。印刷物からディジタルへと方法が変化しても、図書館技術の思想・発想や基本的なノウハウは変わっていない。そして、それらのツールは、検索手段の充実もともなって、なによりライブラリアン自身の業務に役立つ。私が関わった目録や索引も、最も利用しているのは私自身である。

かつて、専門図書館での重要な仕事の一つは、書誌作成、索引づくりだった。それによって、一次資料に触れる機会も非常に多く、資料を探す勘も主題知識も身についた。

しかし、コンピュータ時代になってからは、ライブラリアンも「利用するだけの人」になってしまった。

商用データベースを含め、図書館が利用するようなデータベースについては、プロデューサーが激減し、ディストリビューターばかりが増えている。

「プロデューサー」とは、データを収集・整理・編集し、インデクシング作業を行い、言葉の辞書を持ち、データベースを構築・維持する機関、「ディストリビューター」とは、プロデューサーが作成したデータベースを、コンピュータ・システムに登載してユーザーに提供する機関を指す。いわば、プロデューサーはメーカー、ディストリビューターは流通・販売業者である。

なぜプロデューサーが少ないかといえば、データベース作成には大変な手間と費用がかかり、データの品質を一定に保つ必要もあるから、敬遠されるのだ。これに対して、ディストリビューターはデータベース管理システムを備えれば、さまざまな分野、数多くのデータベースを仕入れて提供でき、いくらでも店を広げられる。

コンピュータを駆使するようになって、データの蓄積や仕分けは、以前に比べて格段に省力化・合理化した。しかし、データの選択、チェック、インデクシングに人手や手間がかかるのは変わらない。そこをキチンとやらなければ、ちゃんとしたデータベースには仕上がらない。

オリジナルなデータ・情報を電子媒体で作成すれば、それを元にデータベースが作成でき、インターネットで流通させることもたやすい。ライブラリアンの専門領域とコンピュータ・システムを結合すれば、優れた索引やデータベースが出来上がるはずだが、図書館、ライブラリアンによる専門書誌やユニークで有用なデータベースづくりは、昔ほど盛んではなくなった。「なければ私が作ってやろう」という気概や実行力が薄れてきているのではないだろうか。

優れたシステムやツールは、他から与えられるものではなく、ライブラリアン自身が作り続けなければならない。「あるといいな」というもの、世のため・人のためにもなるオリジナリティのあるものを作りたい――。私は一貫してそう思っている。

Ⅱ部 初出一覧

悪魔と天使	『情報管理』39巻、3号、１９９６年6月。
一を聞いて十を知れ	同39巻、4号、１９９６年7月。
「ダレ」って誰？	同39巻、5号、１９９６年8月。
Special assistance	同39巻、6号、１９９６年9月。
男はつらいか	同39巻、11号、１９９７年2月。
英文法令社の心意気	同39巻、12号、１９９７年3月。
友あり、遠方より助く	同40巻、5号、１９９７年8月。
職と食	同40巻、12号、１９９８年3月。
産業史50年	同41巻、7号、１９９８年10月。
偉人の物語	同43巻、1号、２０００年4月。
予算折衝	同43巻、2号、２０００年5月。

さくいん

著者プロフィール

村橋 勝子（むらはし・かつこ）

1966年4月 ㈳経済団体連合会（経団連）事務局入局。図書館部調査役（1989年4月、経団連事務局初の女性管理職）、年史グループ長（1995年秋から3年半兼務）、情報メディアグループ長を経て2009年10月に退職するまで一貫してライブラリー業務に従事。2001～2012年度、大妻女子大学非常勤講師を兼任。

在職中、専門図書館協議会の委員や幹事、日本図書館協会評議員（1989～2009）、東京都図書館協会理事、企業史料協議会理事（1991～2003）その他、関係団体の役員を多数務める。2010年6月から専門図書館協議会顧問。また、社史に関する研究では日本国内の第一人者。

『白書・日本の専門図書館1989』（専門図書館協議会）、『科学技術情報ハンドブック』（日本科学技術情報センター）、『情報探索ガイドブック』（勁草書房）、『図書館ハンドブック』（日本図書館協会、2005年以降）（いずれも分担執筆）のほか、図書館、社史の両分野で執筆文献、講演多数。研究テーマ・関心事項は、レファレンスサービス、専門図書館のマネジメント、専門図書館のPR、社史、企業家、産業遺産など。

情報便利屋の日記
—専門図書館への誘い—

2016年9月16日　初版第1刷発行

検印廃止

著　者© 村橋勝子
発行者　大塚栄一

発行所　株式会社 樹村房
〒112-0002
東京都文京区小石川5丁目11番7号
電話 03-3868-7321
FAX 03-6801-5202
http://www.jusonbo.co.jp/
振替口座　00190-3-93169

組版・印刷／美研プリンティング株式会社
製本／有限会社愛千製本所

ISBN978-4-88367-265-3